PREFACIO

La colección de guías de conversación para viajar "Todo irá bien" publicada por T&P Books está diseñada para personas que viajan al extranjero para turismo y negocios. Las guías contienen lo más importante - los elementos esenciales para una comunicación básica.Éste es un conjunto de frases imprescindibles para "sobrevivir" mientras está en el extranjero.

Esta guía de conversación le ayudará en la mayoría de los casos donde usted necesite pedir algo, conseguir direcciones, saber cuánto cuesta algo, etc. Puede también resolver situaciones difíciles de la comunicación donde los gestos no pueden ayudar.

Este libro contiene una gran cantidad de frases que han sido agrupadas según los temas más relevantes. Esta edición también incluye un pequeño vocabulario que contiene alrededor de 3.000 de las palabras más frecuentemente usadas.Otra sección de la guía proporciona un glosario gastronómico que le puede ayudar a pedir los alimentos en un restaurante o a comprar comestibles en la tienda.

Llévese la guía de conversación "Todo irá bien" en el camino y tendrá una insustituible compañera de viaje que le ayudará a salir de cualquier situación y le enseñará a no temer hablar con extranjeros.

TABLA DE CONTENIDOS

T&P Books Publishing

T&P Books Publishing

GUÍA DE CONVERSACIÓN

— CHINO —

Andrey Taranov

LAS PALABRAS Y LAS FRASES MÁS ÚTILES

Esta Guía de Conversación
contiene las frases y las
preguntas más comunes
necesitadas para una
comunicación básica
con extranjeros

T&P BOOKS

Guía de conversación + diccionario de 3000 palabras

Guía de conversación Español-Chino y vocabulario temático de 3000 palabras

por Andrey Taranov

La colección de guías de conversación para viajar "Todo irá bien" publicada por T&P Books está diseñada para personas que viajan al extranjero para turismo y negocios. Las guías contienen lo más importante - los elementos esenciales para una comunicación básica. Éste es un conjunto de frases imprescindibles para "sobrevivir" mientras está en el extranjero.

Este libro también incluye un pequeño vocabulario temático que contiene alrededor de 3.000 de las palabras más frecuentemente usadas. Otra sección de la guía proporciona un glosario gastronómico que le puede ayudar a pedir los alimentos en un restaurante o a comprar comestibles en la tienda.

T&P Books Publishing
www.tpbooks.com

ISBN: 978-1-78492-654-0

Este libro está disponible en formato electrónico o de E-Book también.
Visite www.tpbooks.com o las librerías electrónicas más destacadas en la Red.

PRONUNCIACIÓN

La letra	Ejemplo chino	T&P alfabeto fonético	Ejemplo español
a	tóufa	[a]	radio
ai	hǎi	[aɪ]	bayoneta
an	bèipàn	[an]	panadero
ang	pīncháng	[ɑ̃]	[a] nasal
ao	gǎnmào	[aʊ]	autobús
b	Bànfǎ	[p]	precio
c	cǎo	[tsh]	[ts] aspirado
ch	chē	[tʃh]	[tsch] aspirado
d	dīdá	[t]	torre
e	dēngjì	[ɛ]	mes
ei	běihǎi	[eɪ]	béisbol
en	xúnwèn	[ə]	llave
eng	bēngkuì	[ə̃]	[e] nasal
er	érzi	[ɛr]	portero
f	fǎyuàn	[f]	golf
g	gōnglù	[k]	charco
h	hǎitún	[h]	registro
i	fēijī	[iː]	destino
ia	jiā	[jɑ]	ensayar
ian	kànjiàn	[jʌn]	mañana
ie	jiéyuē	[je]	miércoles
in	cónglín	[iːn]	principio
j	jīqì	[tɕ]	archivo
k	kuàilè	[kh]	[k] aspirada
l	lúnzi	[l]	lira
m	hémǎ	[m]	nombre
n	nǐ hǎo	[n]	número
o	yībō	[ɔ]	costa
ong	chénggōng	[ũ]	[u] nasal
ou	běiměizhōu	[ɔʊ]	snowboard
p	pào	[ph]	[p] aspirada
q	qiáo	[tʃ]	porche
r	rè	[ʒ]	adyacente
s	sàipǎo	[s]	salva
sh	shāsǐ	[ʃ]	Washington
t	tūrán	[th]	[t] aspirada
u	dáfù	[u], [ʊ]	justo

La letra	Ejemplo chino	T&P alfabeto fonético	Ejemplo español
ua	chuán	[ua]	agua
un	yúchǔn	[uːn], [ʊn]	segundo
ü	lǚxíng	[y]	pluma
ün	shēnyùn	[jun]	desayuno
uo	zuòwèi	[uɔ]	antiguo
w	wùzhì	[w]	acuerdo
x	xiǎo	[ɕ]	China
z	zérèn	[ʦ]	tsunami
zh	zhǎo	[ʤ]	jazz

Comentarios

`*` **El primer tono** (tono alto)
En el primer sonido, el timbre de la voz queda constante y ligeramente alto durante toda la sílaba. Ejemplo: **mā**
El segundo tono (tono que sube)
En el segundo sonido, el timbre de la voz sube ligeramente durante la articulación de la sílaba. Ejemplo: **má**
El tercer tono (tono que baja y sube)
En el tercer sonido, el timbre de la voz baja y después sube en la misma sílaba. Ejemplo: **mǎ**
El cuarto tono (tono que baja)
En el cuarto sonido, el timbre de la voz baja repentimamente durante la articulación de la sílaba. Ejemplo: **mà**
El quinto tono (tono neutral)
En el sonido neutro, el timbre de la voz depende de la palabra, pero se articula más breve y silenciosamente que las otras sílabas. Ejemplo: **ma**

LISTA DE ABREVIATURAS

Abreviatura en español

adj	-	adjetivo
adv	-	adverbio
anim.	-	animado
conj	-	conjunción
etc.	-	etcétera
f	-	sustantivo femenino
f pl	-	femenino plural
fam.	-	uso familiar
fem.	-	femenino
form.	-	uso formal
inanim.	-	inanimado
innum.	-	innumerable
m	-	sustantivo masculino
m pl	-	masculino plural
m, f	-	masculino, femenino
masc.	-	masculino
mat	-	matemáticas
mil.	-	militar
num.	-	numerable
p.ej.	-	por ejemplo
pl	-	plural
pron	-	pronombre
sg	-	singular
v aux	-	verbo auxiliar
vi	-	verbo intransitivo
vi, vt	-	verbo intransitivo, verbo transitivo
vr	-	verbo reflexivo
vt	-	verbo transitivo

T&P BOOKS

GUÍA DE CONVERSACIÓN CHINO

Esta sección contiene frases
importantes que pueden
resultar útiles en varias
situaciones de la vida real.
La Guía le ayudará a pedir
direcciones, aclaración
sobre precio, comprar billetes,
y pedir alimentos en un
restaurante

T&P Books Publishing

CONTENIDO DE LA GUÍA DE CONVERSACIÓN

Lo más imprescindible

Perdone, …	请问，… qǐngwèn, …
Hola.	你好。 ｜ 你们好。 nǐ hǎo ｜ nǐmen hǎo
Gracias.	谢谢。 xièxiè
Sí.	是的。 shì de
No.	不 bù
No lo sé.	我不知道。 wǒ bù zhīdào
¿Dónde? ｜ ¿A dónde? ｜ ¿Cuándo?	哪里？ ｜ 到哪里？ ｜ 什么时候？ nǎlǐ? ｜ dào nǎlǐ? ｜ shénme shíhòu?
Necesito …	我需要… wǒ xūyào …
Quiero …	我想要… wǒ xiǎng yào …
¿Tiene …?	您有…吗？ nín yǒu … ma?
¿Hay … por aquí?	这里有…吗？ zhè li yǒu … ma?
¿Puedo …?	我可以…吗？ wǒ kěyǐ … ma?
…, por favor? (petición educada)	请 qǐng
Busco …	我在找… wǒ zài zhǎo …
el servicio	休息室 xiūxí shì
un cajero automático	银行取款机 yínháng qǔkuǎn jī
una farmacia	药店 yàodiàn
el hospital	医院 yīyuàn
la comisaría	警察局 jǐngchá jú
el metro	地铁 dìtiě

un taxi	出租车 chūzū chē
la estación de tren	火车站 huǒchē zhàn

Me llamo ...	我叫··· wǒ jiào ...
¿Cómo se llama?	您叫什么名字？ nín jiào shénme míngzì?
¿Puede ayudarme, por favor?	请帮助我。 qǐng bāngzhù wǒ
Tengo un problema.	我有麻烦了。 wǒ yǒu máfanle
Me encuentro mal.	我感觉不舒服。 wǒ gǎnjué bú shūfú
¡Llame a una ambulancia!	叫救护车！ jiào jiùhù chē!
¿Puedo llamar, por favor?	我可以打个电话吗？ wǒ kěyǐ dǎ gè diànhuà ma?

Lo siento.	对不起。 duìbùqǐ
De nada.	不客气。 bù kèqì

Yo	我 wǒ
tú	你 nǐ
él	他 tā
ella	她 tā
ellos	他们 tāmen
ellas	她们 tāmen
nosotros /nosotras/	我们 wǒmen
ustedes, vosotros	你们 nǐmen
usted	您 nín

ENTRADA	入口 rùkǒu
SALIDA	出口 chūkǒu
FUERA DE SERVICIO	故障 gùzhàng
CERRADO	关门 guānmén

ABIERTO   开门
                                kāimén

PARA SEÑORAS   女士专用
                                nǚshì zhuānyòng

PARA CABALLEROS   男士专用
                                nánshì zhuānyòng

Preguntas

¿Dónde?

在哪里?
zài nǎlǐ?

¿A dónde?

到哪里?
dào nǎlǐ?

¿De dónde?

从哪里?
cóng nǎlǐ?

¿Por qué?

为什么?
wèi shénme?

¿Con que razón?

为了什么?
wèile shénme?

¿Cuándo?

什么时候?
shénme shíhòu?

¿Cuánto tiempo?

多长时间?
duō cháng shíjiān?

¿A qué hora?

几点?
jǐ diǎn?

¿Cuánto?

多少?
duōshǎo?

¿Tiene ...?

您有···吗?
nín yǒu ... ma?

¿Dónde está ...?

···在哪里?
... zài nǎlǐ?

¿Qué hora es?

几点了?
jǐ diǎnle?

¿Puedo llamar, por favor?

我可以打个电话吗?
wǒ kěyǐ dǎ gè diànhuà ma?

¿Quién es?

谁啊?
shuí a?

¿Se puede fumar aquí?

我能在这里吸烟吗?
wǒ néng zài zhèlǐ xīyān ma?

¿Puedo ...?

我可以···吗?
wǒ kěyǐ ... ma?

Necesidades

Quisiera …	我想… wǒ xiǎng …
No quiero …	我不想… wǒ bùxiǎng …
Tengo sed.	我渴了。 wǒ kěle
Tengo sueño.	我想睡觉。 wǒ xiǎng shuìjiào

Quiero …	我想要… wǒ xiǎng yào …
lavarme	洗脸 xǐliǎn
cepillarme los dientes	刷牙 shuāyá
descansar un momento	休息一会 xiūxí yī huǐ
cambiarme de ropa	换衣服 huàn yīfú

volver al hotel	回旅店 huí lǚdiàn
comprar …	去买 qù mǎi
ir a …	去… qù …
visitar …	去参观… qù cānguān …
quedar con …	去见… qù jiàn …
hacer una llamada	去打电话 qù dǎ diànhuà

Estoy cansado /cansada/.	我累了。 wǒ lèile
Estamos cansados /cansadas/.	我们累了。 wǒmen lèile
Tengo frío.	我冷。 wǒ lěng
Tengo calor.	我热。 wǒ rè
Estoy bien.	我很好。 wǒ hěn hǎo

Tengo que hacer una llamada.

我需要打个电话。
wǒ xūyào dǎ gè diànhuà

Necesito ir al servicio.

我要去厕所。
wǒ yào qù cèsuǒ

Me tengo que ir.

我必须得走了。
wǒ bìxū dé zǒuliǎo

Me tengo que ir ahora.

我现在得走了。
wǒ xiànzài dé zǒuliǎo

Preguntar por direcciones

Perdone, …	请问，… qǐngwèn, …
¿Dónde está …?	…在哪里？ … zài nǎlǐ?
¿Por dónde está …?	去…怎么走？ qù … zěnme zǒu?
¿Puede ayudarme, por favor?	请帮助我。 qǐng bāngzhù wǒ
Busco …	我在找… wǒ zài zhǎo …
Busco la salida.	我在找出口。 wǒ zài zhǎo chūkǒu
Voy a …	我要去… wǒ yào qù …
¿Voy bien por aquí para …?	这是去…的路吗？ zhè shì qù … de lù ma?
¿Está lejos?	那里远吗？ nàlǐ yuǎn ma?
¿Puedo llegar a pie?	我能走路去那里吗？ wǒ néng zǒulù qù nàlǐ ma?
¿Puede mostrarme en el mapa?	能在地图上指出来吗？ néng zài dìtú shàng zhǐchū lái ma?
Por favor muestreme dónde estamos.	告诉我我们现在的位置。 gàosù wǒ wǒmen xiànzài de wèizhì
Aquí	这里 zhèlǐ
Allí	那里 nàlǐ
Por aquí	到这里来 dào zhèlǐ lái
Gire a la derecha.	右转。 yòu zhuǎn
Gire a la izquierda.	左转。 zuǒ zhuǎn
la primera (segunda, tercera) calle	第一（第二、第三）个转弯 dì yī (dì èr, dì sān) gè zhuǎnwān
a la derecha	向右 xiàng yòu

a la izquierda

向左
xiàng zuǒ

Siga recto.

一直往前走。
yīzhí wǎng qián zǒu

Carteles

¡BIENVENIDO!	欢迎光临 huānyíng guānglín
ENTRADA	入口 rùkǒu
SALIDA	出口 chūkǒu
EMPUJAR	推 tuī
TIRAR	拉 lā
ABIERTO	开门 kāimén
CERRADO	关门 guānmén
PARA SEÑORAS	女士专用 nǚshì zhuānyòng
PARA CABALLEROS	男士专用 nánshì zhuānyòng
CABALLEROS	男厕所 nán cèsuǒ
SEÑORAS	女厕所 nǚ cèsuǒ
REBAJAS	折扣 zhékòu
VENTA	销售 xiāoshòu
GRATIS	免费！ miǎnfèi!
¡NUEVO!	新品！ xīnpǐn!
ATENCIÓN	注意！ zhùyì!
COMPLETO	客满 kè mǎn
RESERVADO	留座 liú zuò
ADMINISTRACIÓN	行政部门 xíngzhèng bùmén
SÓLO PERSONAL AUTORIZADO	员工通道 yuángōng tōngdào

CUIDADO CON EL PERRO
当心有狗！
dāngxīn yǒu gǒu!

NO FUMAR
禁止吸烟
jìnzhǐ xīyān

NO TOCAR
禁止触摸
jìnzhǐ chùmō

PELIGROSO
危险
wéixiǎn

PELIGRO
危险
wéixiǎn

ALTA TENSIÓN
高压危险
gāoyā wéixiǎn

PROHIBIDO BAÑARSE
禁止游泳
jìnzhǐ yóuyǒng

FUERA DE SERVICIO
故障
gùzhàng

INFLAMABLE
易燃品
yì rán pǐn

PROHIBIDO
禁止
jìnzhǐ

PROHIBIDO EL PASO
禁止通行
jìnzhǐ tōng xíng

RECIÉN PINTADO
油漆未干
yóuqī wèi gān

CERRADO POR RENOVACIÓN
装修一暂停营业
zhuāngxiū-zàntíng yíngyè

EN OBRAS
前方施工
qiánfāng shīgōng

DESVÍO
绕行
rào xíng

Transporte. Frases generales

el avión	飞机 fēijī
el tren	火车 huǒchē
el bus	公交车 gōngjiāo chē
el ferry	渡轮 dùlún
el taxi	出租车 chūzū chē
el coche	汽车 qìchē
el horario	时刻表 shíkè biǎo
¿Dónde puedo ver el horario?	在哪里可以看到时刻表? zài nǎlǐ kěyǐ kàn dào shíkè biǎo?
días laborables	工作日 gōngzuòrì
fines de semana	休息日 xiūxírì
días festivos	节假日 jiéjiàrì
SALIDA	出发 chūfā
LLEGADA	到达 dàodá
RETRASADO	延迟 yánchí
CANCELADO	取消 qǔxiāo
siguiente (tren, etc.)	下一班 xià yī bān
primero	第一班 dì yī bān
último	最后一班 zuìhòu yī bān
¿Cuándo pasa el siguiente ...?	下一班…是几点? xià yī bān ... shì jǐ diǎn?
¿Cuándo pasa el primer ...?	第一班…是几点? dì yī bān ... shì jǐ diǎn?

¿Cuándo pasa el último …?

最后一班···是几点？
zuìhòu yī bān … shì jǐ diǎn?

el trasbordo (cambio de trenes, etc.)

换乘
huàn chéng

hacer un trasbordo

换乘
huàn chéng

¿Tengo que hacer un trasbordo?

我中途需要换乘吗？
wǒ zhōngtú xūyào huàn chéng ma?

Comprar billetes

¿Dónde puedo comprar un billete?	到哪里买票? dào nǎlǐ mǎi piào?
el billete	票 piào
comprar un billete	去买一张票 qù mǎi yī zhāng piào
precio del billete	票价 piào jià

¿Para dónde?	到哪里? dào nǎlǐ?
¿A qué estación?	到哪站? dào nǎ zhàn?
Necesito …	我要··· wǒ yào …
un billete	1张票 yì zhāng piào
dos billetes	2张票 liǎng zhāng piào
tres billetes	3张票 sān zhāng piào

sólo ida	单程 dānchéng
ida y vuelta	往返 wǎngfǎn
en primera (primera clase)	一等座 yī děng zuò
en segunda (segunda clase)	二等座 èr děng zuò

hoy	今天 jīntiān
mañana	明天 míngtiān
pasado mañana	后天 hòutiān
por la mañana	上午 shàngwǔ
por la tarde	中午 zhōngwǔ
por la noche	晚间 wǎnjiān

asiento de pasillo

靠过道座位
kào guòdào zuòwèi

asiento de ventanilla

靠窗座位
kào chuāng zuòwèi

¿Cuánto cuesta?

多少钱?
duōshǎo qián?

¿Puedo pagar con tarjeta?

我能用信用卡付款吗?
wǒ néng yòng xìnyòngkǎ fùkuǎn ma?

Autobús

el autobús	公交车 gōngjiāo chē
el autobús interurbano	长途客车 chángtú kèchē
la parada de autobús	巴士站 bāshì zhàn
¿Dónde está la parada de autobuses más cercana?	最近的巴士站在哪里？ zuìjìn de bāshì zhàn zài nǎlǐ?
número	号码 hàomǎ
¿Qué autobús tengo que tomar para ...?	哪路公交车到…？ nǎ lù gōngjiāo chē dào … ?
¿Este autobús va a ...?	这个公交车到…吗？ zhège gōngjiāo chē dào … ma?
¿Cada cuanto pasa el autobús?	这路公交车多长时间一趟？ zhè lù gōngjiāo chē duō cháng shíjiān yī tàng?
cada 15 minutos	15分钟一趟 shíwǔ fēnzhōng yī tàng
cada media hora	半个小时一趟 bàn gè xiǎoshíyī tàng
cada hora	每小时一趟 měi xiǎoshí yī tàng
varias veces al día	一天几趟 yītiān jǐ tàng
… veces al día	一天…趟 yītiān … tàng
el horario	时刻表 shíkè biǎo
¿Dónde puedo ver el horario?	在哪里可以看到时刻表？ zài nǎlǐ kěyǐ kàn dào shíkè biǎo?
¿Cuándo pasa el siguiente autobús?	下班车几点到？ xiàbānchē jǐ diǎn dào?
¿Cuándo pasa el primer autobús?	第一班车是几点？ dì yī bānchē shì jǐ diǎn?
¿Cuándo pasa el último autobús?	最后一班车是几点？ zuìhòu yī bān chē shì jǐ diǎn?
la parada	站 zhàn

la siguiente parada

下一站
xià yí zhàn

la última parada

上一站
shàng yí zhàn

Pare aquí, por favor.

请在这里停车。
qǐng zài zhèlǐ tíngchē

Perdone, esta es mi parada.

不好意思，我要下车。
bù hǎoyìsi, wǒ yào xià chē

Tren

el tren	火车 huǒchē
el tren de cercanías	市郊火车 shìjiāo huǒchē
el tren de larga distancia	长途列车 chángtú lièchē
la estación de tren	火车站 huǒchē zhàn
Perdone, ¿dónde está la salida al anden?	请问，站台的出口在哪里？ qǐngwèn, zhàntái de chūkǒu zài nǎlǐ?

¿Este tren va a ...?	这个火车到…吗？ zhège huǒchē dào … ma?
el siguiente tren	下一趟火车 xià yī tàng huǒchē
¿Cuándo pasa el siguiente tren?	下趟火车是什么时候？ xià tàng huǒchē shì shénme shíhòu?
¿Dónde puedo ver el horario?	在哪里可以看到时刻表？ zài nǎlǐ kěyǐ kàn dào shíkè biǎo?
¿De qué andén?	在哪个站台？ zài nǎge zhàntái?
¿Cuándo llega el tren a ...?	火车什么时候到达…？ huǒchē shénme shíhòu dàodá … ?

Ayudeme, por favor.	请帮帮我。 qǐng bāng bāng wǒ
Busco mi asiento.	我在找我的座位。 wǒ zài zhǎo wǒ de zuòwèi
Buscamos nuestros asientos.	我们在找我们的座位。 wǒmen zài zhǎo wǒmen de zuòwèi
Mi asiento está ocupado.	我的座位被占了。 wǒ de zuòwèi bèi zhànle
Nuestros asientos están ocupados.	我们的座位被占了。 wǒmen de zuòwèi bèi zhànle

Perdone, pero ese es mi asiento.	对不起，这是我的座位。 duìbùqǐ, zhè shì wǒ de zuòwèi
¿Está libre?	这个位置有人坐吗？ zhège wèizhì yǒurén zuò ma?
¿Puedo sentarme aquí?	我能坐这里吗？ wǒ néng zuò zhèlǐ ma?

En el tren. Diálogo (Sin billete)

Su billete, por favor.
请出示你的车票。
qǐng chūshì nǐ de jū piào

No tengo billete.
我没有车票。
wǒ méiyǒu chēpiào

He perdido mi billete.
我的车票丢了。
wǒ de jū piào diūle

He olvidado mi billete en casa.
我的车票忘在家里了。
wǒ de jū piào wàng zài jiālǐle

Le puedo vender un billete.
你可以从我这里买票。
nǐ kěyǐ cóng wǒ zhèlǐ mǎi piào

También deberá pagar una multa.
你还得交罚款。
nǐ hái dé jiāo fákuǎn

Vale.
好的。
hǎo de

¿A dónde va usted?
你要去哪里？
nǐ yào qù nǎlǐ?

Voy a ...
我要去···
wǒ yào qù ...

¿Cuánto es? No lo entiendo.
多少钱？我不明白。
duōshǎo qián? wǒ bù míngbái

Escríbalo, por favor.
请写下来。
qǐng xiě xiàlái

Vale. ¿Puedo pagar con tarjeta?
好的。我能用信用卡支付吗？
hǎo de. wǒ néng yòng
xìnyòngkǎ zhīfù ma?

Sí, puede.
好的，可以。
hǎo de, kěyǐ

Aquí está su recibo.
这是您的收据。
zhè shì nín de shōujù

Disculpe por la multa.
请您谅解罚款事宜。
qǐng nín liàngjiě fákuǎn shìyí

No pasa nada. Fue culpa mía.
没关系。是我的错。
méiguānxì. shì wǒ de cuò

Disfrute su viaje.
旅途愉快。
lǚtú yúkuài

Taxi

taxi	出租车 chūzū chē
taxista	出租车司机 chūzū chē sījī
coger un taxi	叫出租车 jiào chūzū chē
parada de taxis	出租车停车场 chūzū chē tíngchē chǎng
¿Dónde puedo coger un taxi?	我在哪里能乘坐出租车？ wǒ zài nǎlǐ néng chéngzuò chūzū chē?
llamar a un taxi	叫出租车 jiào chūzū chē
Necesito un taxi.	我需要一辆出租车。 wǒ xūyào yī liàng chūzū chē
Ahora mismo.	现在。 xiànzài
¿Cuál es su dirección?	您在什么位置？ nín zài shénme wèizhì?
Mi dirección es …	我的地址是… wǒ dìdìzhǐshì …
¿Cuál es el destino?	您要去哪儿？ nín yào qù nǎ'er?

Perdone, …	请问，… qǐngwèn, …
¿Está libre?	您这是空车吗？ nín zhè shì kōng chē ma?
¿Cuánto cuesta ir a …?	到…多少钱？ dào … duōshǎo qián?
¿Sabe usted dónde está?	你知道这个地方在哪里吗？ nǐ zhīdào zhège dìfāng zài nǎlǐ ma?

Al aeropuerto, por favor.	请到机场。 qǐng dào jīchǎng
Pare aquí, por favor.	请停在这里。 qǐng tíng zài zhèlǐ
No es aquí.	不是这里。 bùshì zhèlǐ
La dirección no es correcta.	这地址不对。 zhè dìzhǐ bùduì
Gire a la izquierda.	向左 xiàng zuǒ
Gire a la derecha.	向右 xiàng yòu

¿Cuánto le debo?	我应该给您多少钱？ wǒ yīnggāi gěi nín duōshǎo qián?
¿Me da un recibo, por favor?	请给我发票。 qǐng gěi wǒ fāpiào
Quédese con el cambio.	不用找了。 bùyòng zhǎole

Espéreme, por favor.	请等我… qǐng děng wǒ …
cinco minutos	5分钟 wǔ fēnzhōng
diez minutos	10分钟 shí fēnzhōng
quince minutos	15分钟 shíwǔ fēnzhōng
veinte minutos	20分钟 èrshí fēnzhōng
media hora	半小时 bàn xiǎoshí

Hotel

Hola.
你好。
nǐ hǎo

Me llamo …
我叫…
wǒ jiào …

Tengo una reserva.
我已预定房间。
wǒ yǐ yùdìng fángjiān

Necesito …
我需要…
wǒ xūyào …

una habitación individual
单人间
dān rénjiān

una habitación doble
双人间
shuāng rénjiān

¿Cuánto cuesta?
多少钱?
duōshǎo qián?

Es un poco caro.
这个有点贵。
zhège yǒudiǎn guì

¿Tiene alguna más?
你们还有其他房间吗?
nǐmen hái yǒu qítā fángjiān ma?

Me quedo.
我就订这个了。
wǒ jiù dìng zhègele

Pagaré en efectivo.
我付现金。
wǒ fù xiànjīn

Tengo un problema.
我房间有点小问题。
wǒ fángjiān yǒudiǎn xiǎo wèntí

Mi … no funciona.
我房间里的…坏了。
wǒ fángjiān lǐ de … huàile

Mi … está fuera de servicio.
我房间里的…不好用了。
wǒ fángjiān lǐ de … bù hǎo yòngle

televisión
电视
diànshì

aire acondicionado
空调
kòngtiáo

grifo
水龙头
shuǐlóngtóu

ducha
淋浴
línyù

lavabo
洗手盆
xǐshǒu pén

caja fuerte
保险箱
bǎoxiǎnxiāng

cerradura	门锁 mén suǒ
enchufe	插座 chāzuò
secador de pelo	吹风筒 chuīfēng tǒng

No tengo …	我的房间里没有… wǒ de fángjiān lǐ méiyǒu …
agua	水 shuǐ
luz	光 guāng
electricidad	电 diàn

¿Me puede dar …?	你能给我…吗? nǐ néng gěi wǒ … ma?
una toalla	一条毛巾 yītiáo máojīn
una sábana	一条毛毯 yītiáo máotǎn
unas chanclas	一双拖鞋 yīshuāng tuōxié
un albornoz	一件浴衣 yī jiàn yùyī
un champú	一些洗发水 yīxiē xǐ fǎ shuǐ
jabón	一块肥皂 yīkuài féizào

Quisiera cambiar de habitación.	我想换个房间。 wǒ xiǎng huàngè fángjiān
No puedo encontrar mi llave.	我找不到自己的钥匙。 wǒ zhǎo bù dào zìjǐ de yàoshi
Por favor abra mi habitación.	请帮我打开房间。 qǐng bāng wǒ dǎkāi fángjiān
¿Quién es?	谁啊? shuí a?
¡Entre!	进来。 jìnlái
¡Un momento!	稍等! shāo děng!
Ahora no, por favor.	请稍等。 qǐng shāo děng

Venga a mi habitación, por favor.	请到我的房间来。 qǐng dào wǒ de fángjiān lái
Quisiera hacer un pedido.	我想订餐。 wǒ xiǎng dìngcān
Mi número de habitación es …	我的房间号码是… wǒ de fángjiān hàomǎ shì …

Me voy …	我乘车离开… wǒ chéng chē líkāi …
Nos vamos …	我们乘车离开… wǒmen chéng chē líkāi …
Ahora mismo	现在 xiànzài
esta tarde	今天下午 jīntiān xiàwǔ
esta noche	今天晚上 jīntiān wǎnshàng
mañana	明天 míngtiān
mañana por la mañana	明天上午 míngtiān shàngwǔ
mañana por la noche	明天晚上 míngtiān wǎnshàng
pasado mañana	后天 hòutiān

Quisiera pagar la cuenta.	我想结账。 wǒ xiǎng jiézhàng
Todo ha estado estupendo.	一切都很好。 yīqiè dōu hěn hǎo
¿Dónde puedo coger un taxi?	我在哪里能乘坐出租车？ wǒ zài nǎlǐ néng chéngzuò chūzū chē?
¿Puede llamarme un taxi, por favor?	您能帮我叫一辆出租车吗？ nín néng bāng wǒ jiào yī liàng chūzū chē ma?

Restaurante

¿Puedo ver el menú, por favor?	我能看一下菜单吗？ wǒ néng kàn yīxià càidān ma?
Mesa para uno.	一人桌。 yīrén zhuō
Somos dos (tres, cuatro).	我们一共两个（三个，四个）人。 wǒmen yīgòng liǎng gè (sān gè, sì gè) rén

Para fumadores	吸烟区 xīyān qū
Para no fumadores	非吸烟区 fēi xīyān qū
¡Por favor! (llamar al camarero)	劳驾！ láojià!
la carta	菜单 càidān
la carta de vinos	酒类一览表 jiǔ lèi yīlǎnbiǎo
La carta, por favor.	请给我菜单。 qǐng gěi wǒ càidān

¿Está listo para pedir?	您要点菜了吗？ nín yàodiǎn càile ma?
¿Qué quieren pedir?	您要点什么？ nín yàodiǎn shénme?
Yo quiero …	我想点… wǒ xiǎng diǎn …

Soy vegetariano.	我吃素。 wǒ chīsù
carne	肉 ròu
pescado	鱼 yú
verduras	蔬菜 shūcài
¿Tiene platos para vegetarianos?	你们餐厅供应素食餐吗？ nǐmen cāntīng gōngyìng sùshí cān ma?

No como cerdo.	我不吃猪肉。 wǒ bù chī zhūròu
Él /Ella/ no come carne.	他 /她/ 不吃肉。 tā bù chī ròu

Soy alérgico a ...
我对…过敏。
wǒ duì ... guòmǐn

¿Me puede traer ..., por favor?
请给我…
qǐng gěi wǒ ...

sal | pimienta | azúcar
盐 | 胡椒粉 | 糖
yán | hújiāo fěn | táng

café | té | postre
咖啡 | 茶 | 甜点
kāfēi | chá | tiándiǎn

agua | con gas | sin gas
水 | 汽水 | 无气
shuǐ | qìshuǐ | wú qì

una cuchara | un tenedor | un cuchillo
一个汤匙 | 叉 | 刀
yīgè tāngchí | chā | dāo

un plato | una servilleta
一个 盘子 | 餐巾
yīgè pánzi | cānjīn

¡Buen provecho!
祝您用餐愉快!
zhù nín yòngcān yúkuài!

Uno más, por favor.
请再来一些。
qǐng zàilái yīxiē

Estaba delicioso.
这个非常好吃。
zhège fēicháng hào chī

---

la cuenta | el cambio | la propina
结账 | 找零 | 小费
jiézhàng | zhǎo líng | xiǎofèi

La cuenta, por favor.
请买单。
qǐng mǎidān

¿Puedo pagar con tarjeta?
我能用信用卡付款吗?
wǒ néng yòng xìnyòngkǎ fùkuǎn ma?

Perdone, aquí hay un error.
对不起,这里有错误。
duìbùqǐ, zhè li yǒu cuòwù

De Compras

¿Puedo ayudarle?
您需要帮助吗?
nín xūyào bāngzhù ma?

¿Tiene ...?
您有···吗?
nín yǒu ... ma?

Busco ...
我在找···
wǒ zài zhǎo ...

Necesito ...
我需要···
wǒ xūyào ...

Sólo estoy mirando.
我只是看看。
wǒ zhǐshì kàn kàn

Sólo estamos mirando.
我们只是看看。
wǒmen zhǐshì kàn kàn

Volveré más tarde.
我一会回来。
wǒ yī huǐ huílái

Volveremos más tarde.
我们一会再来。
wǒmen yī huǐ zàilái

descuentos | oferta
折扣 | 出售
zhékòu | chūshòu

Por favor, enséñeme ...
请给我看看···
qǐng gěi wǒ kàn kàn ...

¿Me puede dar ..., por favor?
请给我···
qǐng gěi wǒ ...

¿Puedo probarmelo?
我能试一下这个吗?
wǒ néng shì yīxià zhège ma?

Perdone, ¿dónde están los probadores?
请问，哪里有试衣间?
qǐngwèn, nǎ li yǒu shì yī jiān?

¿Qué color le gustaría?
你想要哪个颜色?
nǐ xiǎng yào nǎge yánsè?

la talla | el largo
尺寸 | 长度
chǐcùn | chángdù

¿Cómo le queda? (¿Está bien?)
合身吗?
héshēn ma?

¿Cuánto cuesta esto?
多少钱?
duōshǎo qián?

Es muy caro.
太贵了。
tài guìle

Me lo llevo.
我买了。
wǒ mǎile

Perdone, ¿dónde está la caja?
请问，在哪里付款?
qǐngwèn, zài nǎlǐ fùkuǎn?

¿Pagará en efectivo o con tarjeta?	您是现今还是信用卡支付？ nín shì xiànjīn háishì xìnyòngkǎ zhīfù?
en efectivo | con tarjeta	用现金 ｜ 用信用卡 yòng xiànjīn | yòng xìnyòngkǎ

¿Quiere el recibo?	您需要收据吗？ nín xūyào shōujù ma?
Sí, por favor.	要，谢谢。 yào, xièxiè
No, gracias.	不用，没关系。 bùyòng, méiguānxì
Gracias. ¡Que tenga un buen día!	谢谢。祝您愉快！ xièxiè. zhù nín yúkuài!

En la ciudad

Perdone, por favor.	请问，… qǐngwèn, …
Busco ...	我在找… wǒ zài zhǎo …
el metro	地铁 dìtiě
mi hotel	我的旅店 wǒ de lǚdiàn
el cine	电影院 diànyǐngyuàn
una parada de taxis	出租车候车处 chūzū chē hòuchē chù
un cajero automático	银行取款机 yínháng qǔkuǎn jī
una oficina de cambio	外汇兑换 wàihuì duìhuàn
un cibercafé	网吧 wǎngbā
la calle ...	…街 … jiē
este lugar	这个地方 zhège dìfāng
¿Sabe usted dónde está ...?	您知道…在哪里吗？ nín zhīdào…zài nǎlǐ ma?
¿Cómo se llama esta calle?	这条街道叫什么名字？ zhè tiáo jiēdào jiào shénme míngzì?
Muestreme dónde estamos ahora.	告诉我我们现在的位置。 gàosù wǒ wǒmen xiànzài de wèizhì.
¿Puedo llegar a pie?	我能走路去那里吗？ wǒ néng zǒulù qù nàlǐ ma?
¿Tiene un mapa de la ciudad?	您有城市地图吗？ nín yǒu chéngshì dìtú ma?
¿Cuánto cuesta la entrada?	门票多少钱？ ménpiào duōshǎo qián?
¿Se pueden hacer fotos aquí?	能在这里照相吗？ néng zài zhèlǐ zhàoxiàng ma?
¿Está abierto?	你们开业了吗？ nǐmen kāiyèle ma?

¿A qué hora abren?

几点开业？
jǐ diǎn kāiyè?

¿A qué hora cierran?

几点歇业？
jǐ diǎn xiēyè?

Dinero

dinero	钱 qián
efectivo	现金 xiànjīn
billetes	纸币 zhǐbì
monedas	零钱 língqián
la cuenta | el cambio | la propina	结账 | 找零 | 小费 jiézhàng | zhǎo líng | xiǎofèi
la tarjeta de crédito	信用卡 xìnyòngkǎ
la cartera	钱包 qiánbāo
comprar	去买 qù mǎi
pagar	去支付 qù zhīfù
la multa	罚款 fákuǎn
gratis	免费 miǎnfèi
¿Dónde puedo comprar …?	在哪里能买到…? zài nǎlǐ néng mǎi dào … ?
¿Está el banco abierto ahora?	银行现在开门了吗? yínháng xiànzài kāiménle ma?
¿A qué hora abre?	什么时候开门? shénme shíhòu kāimén?
¿A qué hora cierra?	什么时候关门? shénme shíhòu guānmén?
¿Cuánto cuesta?	多少钱? duōshǎo qián?
¿Cuánto cuesta esto?	这个多少钱? zhège duōshǎo qián?
Es muy caro.	太贵了。 tài guìle
Perdone, ¿dónde está la caja?	请问，在哪里付款? qǐngwèn, zài nǎlǐ fùkuǎn?
La cuenta, por favor.	请结账。 qǐng jiézhàng

¿Puedo pagar con tarjeta?

我能用信用卡付款吗？
wǒ néng yòng xìnyòngkǎ fùkuǎn ma?

¿Hay un cajero por aquí?

这里有银行取款机吗？
zhè li yǒu yínháng qǔkuǎn jī ma?

Busco un cajero automático.

我在找银行取款机。
wǒ zài zhǎo yínháng qǔkuǎn jī

Busco una oficina de cambio.

我在找外汇兑换除。
wǒ zài zhǎo wàihuì duìhuàn chú

Quisiera cambiar ...

我想兑换…
wǒ xiǎng duìhuàn ...

¿Cuál es el tipo de cambio?

汇率是多少？
huìlǜ shì duōshǎo?

¿Necesita mi pasaporte?

需要我的护照吗？
xūyào wǒ de hùzhào ma?

Tiempo

¿Qué hora es?	几点了? jǐ diǎnle?
¿Cuándo?	什么时候? shénme shíhòu?
¿A qué hora?	几点? jǐ diǎn?
ahora | luego | después de …	现在 | 以后 | 在…之后 xiànzài | yǐhòu | zài … zhīhòu

la una	一点整 yīdiǎn zhěng
la una y cuarto	一点十五分 yīdiǎn shíwǔ fēn
la una y medio	一点半 yīdiǎn bàn
las dos menos cuarto	一点四十五分 yīdiǎn sìshíwǔ fēn

una | dos | tres	一 | 二 | 三 yī | èr | sān
cuatro | cinco | seis	四 | 五 | 六 sì | wǔ | liù
siete | ocho | nueve	七 | 八 | 九 qī | bā | jiǔ
diez | once | doce	十 | 十一 | 十二 shí | shí yī | shí'èr

en …	在…之内 zài … zhī nèi
cinco minutos	5分钟 wǔ fēnzhōng
diez minutos	10分钟 shí fēnzhōng
quince minutos	15分钟 shíwǔ fēnzhōng
veinte minutos	20分钟 èrshí fēnzhōng

media hora	半小时 bàn xiǎoshí
una hora	一个小时 yīgè xiǎoshí
por la mañana	上午 shàngwǔ

por la mañana temprano	清晨 qīngchén
esta mañana	今天上午 jīntiān shàngwǔ
mañana por la mañana	明天上午 míngtiān shàngwǔ
al mediodía	在中午 zài zhōngwǔ
por la tarde	在下午 zài xiàwǔ
por la noche	在晚上 zài wǎnshàng
esta noche	今天晚上 jīntiān wǎnshàng
por la noche	在半夜 zài bànyè
ayer	昨天 zuótiān
hoy	今天 jīntiān
mañana	明天 míngtiān
pasado mañana	后天 hòutiān
¿Qué día es hoy?	今天是星期几？ jīntiān shì xīngqí jǐ?
Es …	今天是… jīntiān shì…
lunes	星期一 xīngqí yī
martes	星期二 xīngqí'èr
miércoles	星期三 xīngqísān
jueves	星期四 xīngqísì
viernes	星期五 xīngqíwǔ
sábado	星期六 xīngqíliù
domingo	星期天 xīngqítiān

Saludos. Presentaciones.

Hola.	您好。 nín hǎo
Encantado /Encantada/ de conocerle.	很高兴见到您。 hěn gāoxìng jiàn dào nín
Yo también.	我也是。 wǒ yěshì
Le presento a …	给您介绍一下，这是… gěi nín jièshào yīxià, zhè shì …
Encantado.	很高兴认识您。 hěn gāoxìng rènshí nín

¿Cómo está?	你好吗？ nǐ hǎo ma?
Me llamo …	我叫… wǒ jiào …
Se llama …	他叫… tā jiào …
Se llama …	她叫… tā jiào …
¿Cómo se llama (usted)?	您叫什么名字？ nín jiào shénme míngzì?
¿Cómo se llama (él)?	他叫什么名字？ tā jiào shénme míngzì?
¿Cómo se llama (ella)?	她叫什么名字？ tā jiào shénme míngzì?

¿Cuál es su apellido?	您姓什么？ nín xìng shénme?
Puede llamarme …	您可以叫我… nín kěyǐ jiào wǒ …
¿De dónde es usted?	您来自哪里？ nín láizì nǎlǐ?
Yo soy de ….	我来自… wǒ láizì …
¿A qué se dedica?	您是做什么的？ nín shì zuò shénme de?
¿Quién es?	这是谁？ zhè shì shuí?
¿Quién es él?	他是谁？ tā shì shuí?
¿Quién es ella?	她是谁？ tā shì shuí?
¿Quiénes son?	他们是谁？ tāmen shì shuí?

Este es …	这是…
	zhè shì …
mi amigo	我的朋友
	wǒ de péngyǒu
mi amiga	我的朋友
	wǒ de péngyǒu
mi marido	我的丈夫
	wǒ de zhàngfū
mi mujer	我的妻子
	wǒ de qīzi

mi padre	我的父亲
	wǒ de fùqīn
mi madre	我的母亲
	wǒ de mǔqīn
mi hermano	我的哥哥 | 我的弟弟
	wǒ dí gēgē | wǒ de dì dì
mi hermana	我的姐姐 | 我的妹妹
	wǒ de jiějiě | wǒ de mèimei
mi hijo	我的儿子
	wǒ de érzi
mi hija	我的女儿
	wǒ de nǚ'ér

Este es nuestro hijo.	这是我们的儿子。
	zhè shì wǒmen de érzi
Esta es nuestra hija.	这是我们的女儿。
	zhè shì wǒmen de nǚ'ér
Estos son mis hijos.	这是我的孩子们。
	zhè shì wǒ de háizimen
Estos son nuestros hijos.	这是我们的孩子们。
	zhè shì wǒmen de háizimen

Despedidas

¡Adiós!	再见！ zàijiàn!
¡Chau!	拜拜！ bàibài!
Hasta mañana.	明天见。 míngtiān jiàn
Hasta pronto.	一会见。 yī huǐ jiàn
Te veo a las siete.	7点见。 qī diǎn jiàn
¡Que se diviertan!	玩的开心！ wán de kāixīn!
Hablamos más tarde.	以后再聊。 yǐhòu zài liáo
Que tengas un buen fin de semana.	周末愉快。 zhōumò yúkuài
Buenas noches.	晚安。 wǎn'ān
Es hora de irme.	我得走了。 wǒ dé zǒuliǎo
Tengo que irme.	我要走了。 wǒ yào zǒuliǎo
Ahora vuelvo.	我马上回来。 wǒ mǎshàng huílái
Es tarde.	已经很晚了。 yǐjīng hěn wǎnle
Tengo que levantarme temprano.	我要早起。 wǒ yào zǎoqǐ
Me voy mañana.	我明天就走了。 wǒ míngtiān jiù zǒuliǎo
Nos vamos mañana.	我们明天就走了。 wǒmen míngtiān jiù zǒuliǎo
¡Que tenga un buen viaje!	旅途愉快！ lǚtú yúkuài!
Ha sido un placer.	很高兴认识你。 hěn gāoxìng rènshí nǐ
Fue un placer hablar con usted.	很高兴与你聊天。 hěn gāoxìng yǔ nǐ liáotiān
Gracias por todo.	谢谢你为我做的一切。 xièxiè nǐ wèi wǒ zuò de yīqiè

Lo he pasado muy bien.

我过的非常开心。
wǒguò de fēicháng kāixīn

Lo pasamos muy bien.

我们过的非常开心。
wǒmenguò de fēicháng kāixīn

Fue genial.

真的太棒了。
zhēn de tài bàngle

Le voy a echar de menos.

我会想念你的。
wǒ huì xiǎngniàn nǐ de

Le vamos a echar de menos.

我们会想念你的。
wǒmen huì xiǎngniàn nǐ de

¡Suerte!

祝你好运！
zhù nǐ hǎo yùn!

Saludos a …

代我向···问好
dài wǒ xiàng … wènhǎo

Idioma extranjero

No entiendo.	我没听懂。 wǒ méi tīng dǒng
Escríbalo, por favor.	请您把它写下来，好吗？ qǐng nín bǎ tā xiě xiàlái, hǎo ma?
¿Habla usted ...?	您能说···? nín néng shuō ... ?
Hablo un poco de ...	我会一点点··· wǒ huì yī diǎndiǎn ...
inglés	英语 yīngyǔ
turco	土耳其语 tǔ'ěrqí yǔ
árabe	阿拉伯语 ālābó yǔ
francés	法语 fǎyǔ
alemán	德语 déyǔ
italiano	意大利语 yìdàlì yǔ
español	西班牙语 xībānyá yǔ
portugués	葡萄牙语 pútáoyá yǔ
chino	汉语 hànyǔ
japonés	日语 rìyǔ
¿Puede repetirlo, por favor?	请再说一遍。 qǐng zàishuō yībiàn
Lo entiendo.	我明白了。 wǒ míngbáile
No entiendo.	我没听懂。 wǒ méi tīng dǒng
Hable más despacio, por favor.	请说慢一点。 qǐng shuō màn yī diǎn
¿Está bien?	对吗？ duì ma?
¿Qué es esto? (¿Que significa esto?)	这是什么？ zhè shì shénme?

Disculpas

Perdone, por favor.   请原谅。
                       qǐng yuánliàng

Lo siento.   我很抱歉。
                       wǒ hěn bàoqiàn

Lo siento mucho.   我真的很抱歉。
                       wǒ zhēn de hěn bàoqiàn

Perdón, fue culpa mía.   对不起，这是我的错。
                          duìbùqǐ, zhè shì wǒ de cuò

Culpa mía.   我的错。
                       wǒ de cuò

¿Puedo ...?   我可以…吗？
                       wǒ kěyǐ ... ma?

¿Le molesta si ...?   如果我…，您不会反对吧？
                       rúguǒ wǒ ... , nín bù huì fǎnduì ba?

¡No hay problema! (No pasa nada.)   没事。
                                     méishì

Todo está bien.   一切正常。
                       yīqiè zhèngcháng

No se preocupe.   不用担心。
                       bùyòng dānxīn

Acuerdos

Sí.
是的。
shì de

Sí, claro.
是的，当然。
shì de, dāngrán

Bien.
好的
hǎo de

Muy bien.
非常好。
fēicháng hǎo

¡Claro que sí!
当然。
dāngrán

Estoy de acuerdo.
我同意。
wǒ tóngyì

Es verdad.
对。
duì

Es correcto.
正确。
zhèngquè

Tiene razón.
你是对的。
nǐ shì duì de

No me molesta.
我不介意。
wǒ bù jièyì

Es completamente cierto.
完全正确。
wánquán zhèngquè

Es posible.
这有可能。
zhè yǒu kěnéng

Es una buena idea.
这是个好主意。
zhè shìgè hǎo zhǔyì

No puedo decir que no.
我无法拒绝。
wǒ wúfǎ jùjué

Estaré encantado /encantada/.
我很乐意。
wǒ hěn lèyì

Será un placer.
非常愿意。
fēicháng yuànyì

Rechazo. Expresar duda

No.	不 bù
Claro que no.	当然不。 dāngrán bù
No estoy de acuerdo.	我不同意。 wǒ bù tóngyì
No lo creo.	我不这么认为。 wǒ bù zhème rènwéi
No es verdad.	这不是真的。 zhè bùshì zhēn de
No tiene razón.	您错了。 nín cuòle
Creo que no tiene razón.	我觉得您错了。 wǒ juédé nín cuòle
No estoy seguro /segura/.	我不确定。 wǒ bù quèdìng
No es posible.	这不可能。 zhè bù kěnéng
¡Nada de eso!	不行！ bùxíng!
Justo lo contrario.	恰恰相反。 qiàqià xiāngfǎn
Estoy en contra de ello.	我反对。 wǒ fǎnduì
No me importa. (Me da igual.)	我不在乎。 wǒ bùzàihū
No tengo ni idea.	我一点都不知道。 wǒ yī diǎn dōu bù zhīdào
Dudo que sea así.	我表示怀疑。 wǒ biǎoshì huáiyí
Lo siento, no puedo.	对不起，我不能。 duìbùqǐ, wǒ bùnéng
Lo siento, no quiero.	对不起，我不想。 duìbùqǐ, wǒ bùxiǎng
Gracias, pero no lo necesito.	谢谢，我不需要。 xièxiè, wǒ bù xūyào
Ya es tarde.	已经很晚了。 yǐjīng hěn wǎnle

Tengo que levantarme temprano. 　　我要早起。
　　　　　　　　　　　　　　　　wǒ dé zǎoqǐ

Me encuentro mal. 　　　　　　　我感觉不太好。
　　　　　　　　　　　　　　　　wǒ gǎnjué bù tài hǎo

Expresar gratitud

Gracias.	谢谢。 xièxiè
Muchas gracias.	多谢。 duōxiè
De verdad lo aprecio.	非常感谢 fēicháng gǎnxiè
Se lo agradezco.	我真的非常感谢您。 wǒ zhēn de fēicháng gǎnxiè nín
Se lo agradecemos.	我们真的非常感谢您。 wǒmen zhēn de fēicháng gǎnxiè nín
Gracias por su tiempo.	感谢您百忙之中抽出时间。 gǎnxiè nín bǎi máng zhī zhōng chōuchū shíjiān
Gracias por todo.	谢谢你为我做的一切。 xièxiè nǐ wèi wǒ zuò de yīqiè
Gracias por ...	谢谢··· xièxiè ...
su ayuda	您的帮助 nín de bāngzhù
tan agradable momento	一段美好的时光 yīduàn měihǎo de shíguāng
una comida estupenda	一顿美味佳肴 yī dùn měiwèi jiāyáo
una velada tan agradable	一个美好的夜晚 yīgè měihǎo de yèwǎn
un día maravilloso	精彩的一天 jīngcǎi de yītiān
un viaje increíble	一个精彩的旅程 yīgè jīngcǎi de lǚchéng
No hay de qué.	不值一提。 bù zhí yī tí
De nada.	不用谢。 bùyòng xiè
Siempre a su disposición.	随时效劳。 suíshí xiàoláo
Encantado /Encantada/ de ayudarle.	这是我的荣幸。 zhè shì wǒ de róngxìng

No hay de qué.

别放心上。
bié fàngxīn shàng

No tiene importancia.

不用担心。
bùyòng dānxīn

Felicitaciones , Mejores Deseos

¡Felicidades!
恭喜你！
gōngxǐ nǐ!

¡Feliz Cumpleaños!
生日快乐！
shēngrì kuàilè!

¡Feliz Navidad!
圣诞愉快！
shèngdàn yúkuài!

¡Feliz Año Nuevo!
新年快乐！
xīnnián kuàilè!

¡Felices Pascuas!
复活节快乐！
fùhuó jié kuàilè!

¡Feliz Hanukkah!
光明节快乐！
guāngmíng jié kuàilè!

Quiero brindar.
我提议干杯。
wǒ tíyì gānbēi

¡Salud!
干杯！
gānbēi!

¡Brindemos por …!
让我们为···干杯！
ràng wǒmen wèi… gānbēi!

¡A nuestro éxito!
为我们的胜利干杯！
wèi wǒmen de shènglì gānbēi!

¡A su éxito!
为您的成功干杯！
wèi nín de chénggōng gānbēi!

¡Suerte!
祝你好运！
zhù nǐ hǎo yùn!

¡Que tenga un buen día!
祝您愉快！
zhù nín yúkuài!

¡Que tenga unas buenas vacaciones!
祝你假期愉快！
zhù nǐ jiàqī yúkuài!

¡Que tenga un buen viaje!
祝您旅途平安！
zhù nín lǚtú píng'ān!

¡Espero que se recupere pronto!
希望你能尽快好起来！
xīwàng nǐ néng jǐnkuài hǎo qǐlái!

Socializarse

¿Por qué está triste?	为什么那样悲伤啊？ wèishéme nàyàng bēishāng a?
¡Sonría! ¡Anímese!	笑一笑！ xiào yīxiào!
¿Está libre esta noche?	你今晚有空吗？ nǐ jīn wǎn yǒu kòng ma?

¿Puedo ofrecerle algo de beber?	我能请你喝一杯吗？ wǒ néng qǐng nǐ hè yībēi ma?
¿Querría bailar conmigo?	你想跳舞吗？ nǐ xiǎng tiàowǔ ma?
Vamos a ir al cine.	一起去看电影好吗？ yīqǐ qù kàn diànyǐng hǎo ma?

¿Puedo invitarle a …?	我能请你…吗？ wǒ néng qǐng nǐ … ma?
un restaurante	吃饭 chīfàn
el cine	看电影 kàn diànyǐng
el teatro	去剧院 qù jùyuàn
dar una vuelta	散步 sànbù

¿A qué hora?	几点？ jǐ diǎn?
esta noche	今天晚上 jīntiān wǎnshàng
a las seis	6 点 liù diǎn
a las siete	7 点 qī diǎn
a las ocho	8 点 bā diǎn
a las nueve	9 点 jiǔ diǎn

¿Le gusta este lugar?	你喜欢这里吗？ nǐ xǐhuān zhèlǐ ma?
¿Está aquí con alguien?	你和谁在这里吗？ nǐ hé shuí zài zhèlǐ ma?
Estoy con mi amigo /amiga/.	我和我的朋友。 wǒ hé wǒ de péngyǒu

Estoy con amigos.	我和我的朋友们。 wǒ hé wǒ de péngyǒumen
No, estoy solo /sola/.	不，就我自己。 bù, jiù wǒ zìjǐ

¿Tienes novio?	你有男朋友吗？ nǐ yǒu nán péngyǒu ma?
Tengo novio.	我有男朋友。 wǒ yǒu nán péngyǒu
¿Tienes novia?	你有女朋友吗？ nǐ yǒu nǚ péngyǒu ma?
Tengo novia.	我有女朋友。 wǒ yǒu nǚ péngyǒu

¿Te puedo volver a ver?	我能再见到你吗？ wǒ néng zàijiàn dào nǐ ma?
¿Te puedo llamar?	我能给你打电话吗？ wǒ néng gěi nǐ dǎ diànhuà ma?
Llámame.	给我打电话。 gěi wǒ dǎ diànhuà
¿Cuál es tu número?	你的电话号码是多少？ nǐ de diànhuà hàomǎ shì duōshǎo?
Te echo de menos.	我想你。 wǒ xiǎng nǐ

¡Qué nombre tan bonito!	你的名字真好听。 nǐ de míngzì zhēn hǎotīng
Te quiero.	我爱你。 wǒ ài nǐ
¿Te casarías conmigo?	你愿意嫁给我吗？ nǐ yuànyì jià gěi wǒ ma?
¡Está de broma!	您在开玩笑！ nín zài kāiwánxiào!
Sólo estoy bromeando.	我只是开玩笑。 wǒ zhǐ shì kāiwánxiào

¿En serio?	您是认真的？ nín shì rènzhēn de?
Lo digo en serio.	我认真的。 wǒ rènzhēn de
¿De verdad?	真的吗？ zhēn de ma?
¡Es increíble!	不可思议！ bùkěsīyì!
No le creo.	我不相信你。 wǒ bù xiāngxìn nǐ
No puedo.	我不能。 wǒ bùnéng
No lo sé.	我不知道。 wǒ bù zhīdào
No le entiendo.	我不明白你的意思。 wǒ bù míngbái nǐ de yìsi

Váyase, por favor.	请你走开。 qǐng nǐ zǒu kāi
¡Déjeme en paz!	别管我！ biéguǎn wǒ!

Es inaguantable.	我不能忍受他。 wǒ bùnéng rěnshòu tā
¡Es un asqueroso!	您真恶心！ nín zhēn ěxīn!
¡Llamaré a la policía!	我要叫警察了！ wǒ yào jiào jǐngchále!

Compartir impresiones. Emociones

Me gusta.
我喜欢它。
wǒ xǐhuān tā

Muy lindo.
很可爱。
hěn kě'ài

¡Es genial!
那太棒了！
nà tài bàngle!

No está mal.
这不错。
zhè bùcuò

No me gusta.
我不喜欢它。
wǒ bù xǐhuān tā

No está bien.
这不好。
zhè bù hǎo

Está mal.
这不好。
zhè bù hǎo

Está muy mal.
这非常不好。
zhè fēicháng bù hǎo

¡Qué asco!
这个很恶心。
zhège hěn ěxīn

Estoy feliz.
我很开心。
wǒ hěn kāixīn

Estoy contento /contenta/.
我很满意。
wǒ hěn mǎnyì

Estoy enamorado /enamorada/.
我恋爱了。
wǒ liàn'àile

Estoy tranquilo.
我很冷静。
wǒ hěn lěngjìng

Estoy aburrido.
我很无聊。
wǒ hěn wúliáo

Estoy cansado /cansada/.
我累了。
wǒ lèile

Estoy triste.
我很伤心。
wǒ hěn shāngxīn

Estoy asustado.
我很害怕。
wǒ hěn hàipà

Estoy enfadado /enfadada/.
我生气了。
wǒ shēngqìle

Estoy preocupado /preocupada/.
我很担心。
wǒ hěn dānxīn

Estoy nervioso /nerviosa/.
我很紧张。
wǒ hěn jǐnzhāng

Estoy celoso /celosa/.	我很羡慕。 wǒ hěn xiànmù
Estoy sorprendido /sorprendida/.	我很惊讶。 wǒ hěn jīngyà
Estoy perplejo /perpleja/.	我很尴尬。 wǒ hěn gāngà

Problemas, Accidentes

Tengo un problema.	我有麻烦了。 wǒ yǒu máfanle
Tenemos un problema.	我们有麻烦了。 wǒmen yǒu máfanle
Estoy perdido /perdida/.	我迷路了。 wǒ mílùle
Perdí el último autobús (tren).	我错过了最后一班公交车（火车）。 wǒ cuòguòle zuìhòu yī bān gōngjiāo chē (huǒchē)
No me queda más dinero.	我没钱了。 wǒ méi qiánle
He perdido ...	我的···丢了。 wǒ de ... diūle
Me han robado ...	我的···被偷了。 wǒ de ... bèi tōule
mi pasaporte	护照 hùzhào
mi cartera	钱包 qiánbāo
mis papeles	文件 wénjiàn
mi billete	机票 jīpiào
mi dinero	钱 qián
mi bolso	包 bāo
mi cámara	照相机 zhàoxiàngjī
mi portátil	笔记本电脑 bǐjìběn diànnǎo
mi tableta	平板电脑 píngbǎn diànnǎo
mi teléfono	手机 shǒujī
¡Ayúdeme!	帮帮我！ bāng bāng wǒ!
¿Qué pasó?	发生什么事了？ fāshēng shénme shìle?

el incendio	火灾 huǒzāi
un tiroteo	枪击 qiāngjī
el asesinato	谋杀 móushā
una explosión	爆炸 bàozhà
una pelea	打架 dǎjià

¡Llame a la policía!	请叫警察！ qǐng jiào jǐngchá!
¡Más rápido, por favor!	请快点！ qǐng kuài diǎn!
Busco la comisaría.	我在找警察局。 wǒ zài zhǎo jǐngchá jú
Tengo que hacer una llamada.	我需要打个电话。 wǒ xūyào dǎ gè diànhuà
¿Puedo usar su teléfono?	我能用一下你的电话吗？ wǒ néng yòng yīxià nǐ de diànhuà ma?

Me han …	我被…了。 wǒ bèi … le
asaltado /asaltada/	抢劫 qiǎngjié
robado /robada/	偷 tōu
violada	强奸 qiángjiān
atacado /atacada/	袭击 xíjí

¿Se encuentra bien?	您没事吧？ nín méishì ba?
¿Ha visto quien a sido?	你有没有看到是谁？ nǐ yǒu méiyǒu kàn dào shì shuí?
¿Sería capaz de reconocer a la persona?	你能认出那个人吗？ nǐ néng rèn chū nàgè rén ma?
¿Está usted seguro?	你确定？ nǐ quèdìng?

Por favor, cálmese.	请冷静。 qǐng lěngjìng
¡Cálmese!	冷静！ lěngjìng!
¡No se preocupe!	不用担心！ bùyòng dānxīn!
Todo irá bien.	一切都会好的。 yīqiè dūhuì hǎo de
Todo está bien.	一切正常。 yīqiè zhèngcháng

Venga aquí, por favor.

请到这里来。
qǐng dào zhèlǐ lái

Tengo unas preguntas para usted.

我有一些问题要问您。
wǒ yǒu yīxiē wèntí yào wèn nín

Espere un momento, por favor.

请等一下。
qǐng děng yīxià

¿Tiene un documento de identidad?

您有证件吗?
nín yǒu zhèngjiàn ma?

Gracias. Puede irse ahora.

谢谢。您可以走了。
xièxiè. nín kěyǐ zǒuliǎo

¡Manos detrás de la cabeza!

把手放在头上！
bǎshǒu fàng zài tóu shàng!

¡Está arrestado!

你被捕了！
nǐ bèi bǔle!

Problemas de salud

Ayudeme, por favor.	请帮帮我。 qǐng bāng bāng wǒ
No me encuentro bien.	我感觉不舒服。 wǒ gǎnjué bú shūfú
Mi marido no se encuentra bien.	我丈夫不舒服。 wǒ zhàngfū bú shūfú
Mi hijo …	我儿子… wǒ érzi …
Mi padre …	我爸爸… wǒ bàba …
Mi mujer no se encuentra bien.	我妻子不舒服。 wǒ qīzi bú shūfú
Mi hija …	我女儿… wǒ nǚ'ér …
Mi madre …	我妈妈… wǒ māmā …
Me duele …	我…痛。 wǒ … tòng
la cabeza	头 tóu
la garganta	嗓子 sǎngzi
el estómago	胃 wèi
un diente	牙 yá
Estoy mareado.	我头晕。 wǒ tóuyūn
Él tiene fiebre.	他发烧了。 tā fāshāole
Ella tiene fiebre.	她发烧了。 tā fāshāole
No puedo respirar.	我呼吸困难。 wǒ hūxī kùnnán
Me ahogo.	我快不能呼吸了。 wǒ kuài bùnéng hūxīle
Tengo asma.	我有哮喘。 wǒ yǒu xiāochuǎn
Tengo diabetes.	我有糖尿病。 wǒ yǒu tángniàobìng

No puedo dormir. 我失眠。
wǒ shīmián

intoxicación alimentaria 食物中毒。
shíwù zhòngdú

Me duele aquí. 这里疼。
zhèlǐ téng

¡Ayúdeme! 救命!
jiùmìng!

¡Estoy aquí! 我在这儿!
wǒ zài zhè'er!

¡Estamos aquí! 我们在这!
wǒmen zài zhè!

¡Saquenme de aquí! 让我离开这里!
ràng wǒ líkāi zhèlǐ!

Necesito un médico. 我需要医生
wǒ xūyào yīshēng

No me puedo mover. 我动不了。
wǒ dòng bùliǎo

No puedo mover mis piernas. 我的腿动不了。
wǒ de tuǐ dòng bùliǎo

Tengo una herida. 我受伤了。
wǒ shòushāngle

¿Es grave? 很严重吗?
hěn yánzhòng ma?

Mis documentos están en mi bolsillo. 我的文件在口袋里。
wǒ de wénjiàn zài kǒudài lǐ

¡Cálmese! 冷静!
lěngjìng!

¿Puedo usar su teléfono? 我能用一下你的电话吗?
wǒ néng yòng yīxià nǐ de diànhuà ma?

¡Llame a una ambulancia! 叫救护车!
jiào jiùhù chē!

¡Es urgente! 很着急!
hěn zhāojí!

¡Es una emergencia! 非常紧急!
fēicháng jǐnjí!

¡Más rápido, por favor! 请快点!
qǐng kuài diǎn!

¿Puede llamar a un médico, por favor? 请叫医生。
qǐng jiào yīshēng

¿Dónde está el hospital? 医院在哪里?
yīyuàn zài nǎlǐ?

¿Cómo se siente? 您感觉怎么样?
nín gǎnjué zěnme yàng?

¿Se encuentra bien? 您没事吧?
nín hái hǎo ba?

¿Qué pasó? 发生什么事了?
fāshēng shénme shìle?

Me encuentro mejor.	我好多了。 wǒ hǎoduōle
Está bien.	没事。 méishì
Todo está bien.	已经好了。 yǐjīng hǎole

En la farmacia

la farmacia	药店 yàodiàn
la farmacia 24 horas	24四小时药店 èrshí sì xiǎoshí yàodiàn
¿Dónde está la farmacia más cercana?	最近的药店在哪里？ zuìjìn di yàodiàn zài nǎlǐ?
¿Está abierta ahora?	现在营业吗？ xiànzài yíngyè ma?
¿A qué hora abre?	几点开门？ jǐ diǎn kāimén?
¿A qué hora cierra?	几点关门？ jǐ diǎn guānmén?
¿Está lejos?	那里远吗？ nàlǐ yuǎn ma?
¿Puedo llegar a pie?	我能走路去那里吗？ wǒ néng zǒulù qù nàlǐ ma?
¿Puede mostrarme en el mapa?	能在地图上指出来吗？ néng zài dìtú shàng zhǐchū lái ma?
Por favor, deme algo para ...	请给我治…的药。 qǐng gěi wǒ zhì ... di yào
un dolor de cabeza	头疼 tóuténg
la tos	咳嗽 késòu
el resfriado	感冒 gǎnmào
la gripe	流感 liúgǎn
la fiebre	发烧 fāshāo
un dolor de estomago	胃疼 wèi téng
nauseas	恶心 ěxīn
la diarrea	腹泻 fùxiè
el estreñimiento	便秘 biànmì

un dolor de espalda	背痛 bèi tòng
un dolor de pecho	胸痛 xiōngtòng
el flato	岔气 chàqì
un dolor abdominal	腹痛 fùtòng
la píldora	药片，药丸 yàopiàn, yàowán
la crema	软膏，霜 ruǎngāo, shuāng
el jarabe	糖浆 tángjiāng
el spray	喷雾 pēnwù
las gotas	滴液 dī yè
Tiene que ir al hospital.	你需要去医院。 nǐ xūyào qù yīyuàn
el seguro de salud	医疗保险 yīliáo bǎoxiǎn
la receta	处方 chǔfāng
el repelente de insectos	驱虫剂 qū chóng jì
la curita	创可贴 chuàngkětiē

Lo más imprescindible

Perdone, ...
请问，…
qǐngwèn, ...

Hola.
你好。 | 你们好。
nǐ hǎo | nǐmen hǎo

Gracias.
谢谢。
xièxiè

Sí.
是的。
shì de

No.
不
bù

No lo sé.
我不知道。
wǒ bù zhīdào

¿Dónde? | ¿A dónde? | ¿Cuándo?
哪里？ | 到哪里？ | 什么时候？
nǎlǐ? | dào nǎlǐ? | shénme shíhòu?

Necesito ...
我需要…
wǒ xūyào ...

Quiero ...
我想要…
wǒ xiǎng yào ...

¿Tiene ...?
您有…吗？
nín yǒu ... ma?

¿Hay ... por aquí?
这里有…吗？
zhè li yǒu ... ma?

¿Puedo ...?
我可以…吗？
wǒ kěyǐ ... ma?

..., por favor? (petición educada)
请
qǐng

Busco ...
我在找…
wǒ zài zhǎo ...

el servicio
休息室
xiūxí shì

un cajero automático
银行取款机
yínháng qǔkuǎn jī

una farmacia
药店
yàodiàn

el hospital
医院
yīyuàn

la comisaría
警察局
jǐngchá jú

el metro
地铁
dìtiě

un taxi	出租车
	chūzū chē
la estación de tren	火车站
	huǒchē zhàn

Me llamo …	我叫…
	wǒ jiào …
¿Cómo se llama?	您叫什么名字？
	nín jiào shénme míngzì?
¿Puede ayudarme, por favor?	请帮助我。
	qǐng bāngzhù wǒ
Tengo un problema.	我有麻烦了。
	wǒ yǒu máfanle
Me encuentro mal.	我感觉不舒服。
	wǒ gǎnjué bú shūfú
¡Llame a una ambulancia!	叫救护车！
	jiào jiùhù chē!
¿Puedo llamar, por favor?	我可以打个电话吗？
	wǒ kěyǐ dǎ gè diànhuà ma?

Lo siento.	对不起。
	duìbùqǐ
De nada.	不客气。
	bù kèqì

Yo	我
	wǒ
tú	你
	nǐ
él	他
	tā
ella	她
	tā
ellos	他们
	tāmen
ellas	她们
	tāmen
nosotros /nosotras/	我们
	wǒmen
ustedes, vosotros	你们
	nǐmen
usted	您
	nín

ENTRADA	入口
	rùkǒu
SALIDA	出口
	chūkǒu
FUERA DE SERVICIO	故障
	gùzhàng
CERRADO	关门
	guānmén

ABIERTO

开门
kāimén

PARA SEÑORAS

女士专用
nǚshì zhuānyòng

PARA CABALLEROS

男士专用
nánshì zhuānyòng

VOCABULARIO TEMÁTICO

Esta sección contiene más
de 3.000 de las palabras más
importantes. El diccionario
le proporcionará una ayuda
inestimable mientras viaja al
extranjero, porque las palabras
individuales son a menudo
suficientes para que
le entiendan.
El diccionario incluye una
transcripción adecuada
de cada palabra extranjera

T&P Books Publishing

CONTENIDO DEL DICCIONARIO

T&P Books Publishing

CONCEPTOS BÁSICOS

T&P Books Publishing

1. Los pronombres

yo	我	wǒ
tú	你	nǐ
él	他	tā
ella	她	tā
ello	它	tā
nosotros, -as	我们	wǒ men
vosotros, -as	你们	nǐ men
ellos	他们	tā men
ellas	她们	tā men

2. Saludos. Salutaciones

¡Hola! (fam.)	你好！	nǐ hǎo!
¡Hola! (form.)	你们好！	nǐmen hǎo!
¡Buenos días!	早上好！	zǎo shàng hǎo!
¡Buenas tardes!	午安！	wǔ ān!
¡Buenas noches!	晚上好！	wǎn shàng hǎo!
decir hola	问好	wèn hǎo
¡Hola! (a un amigo)	你好！	nǐ hǎo!
saludo (m)	问候	wèn hòu
saludar (vt)	欢迎	huān yíng
¿Cómo estás?	你好吗？	nǐ hǎo ma?
¿Qué hay de nuevo?	有 什么 新 消息？	yǒu shénme xīn xiāoxi?
¡Chau! ¡Adiós!	再见！	zài jiàn!
¡Hasta pronto!	回头见！	huí tóu jiàn!
¡Adiós!	再见！	zài jiàn!
despedirse (vr)	说再见	shuō zài jiàn
¡Hasta luego!	回头见！	huí tóu jiàn!
¡Gracias!	谢谢！	xièxie!
¡Muchas gracias!	多谢！	duō xiè!
De nada	不客气	bù kè qi
No hay de qué	不用谢谢！	bùyòng xièxie!
De nada	没什么	méi shén me
¡Disculpa! ¡Disculpe!	请原谅	qǐng yuán liàng
disculparse (vr)	道歉	dào qiàn
Mis disculpas	我道歉	wǒ dào qiàn

¡Perdóneme!	对不起!	duì bu qǐ!
perdonar (vt)	原谅	yuán liàng
por favor	请	qǐng
¡No se le olvide!	别忘了!	bié wàng le!
¡Ciertamente!	当然!	dāng rán!
¡Claro que no!	当然不是!	dāng rán bù shi!
¡De acuerdo!	同意!	tóng yì!
¡Basta!	够了!	gòu le!

3. Las preguntas

¿Quién?	谁?	shéi?
¿Qué?	什么?	shén me?
¿Dónde?	在哪儿?	zài nǎr?
¿Adónde?	到哪儿?	dào nǎr?
¿De dónde?	从哪儿来?	cóng nǎr lái?
¿Cuándo?	什么时候?	shénme shíhou?
¿Para qué?	为了什么目的?	wèile shénme mùdì?
¿Por qué?	为什么?	wèi shénme?
¿Por qué razón?	为了什么目的?	wèile shénme mùdì?
¿Cómo?	如何?	rú hé?
¿Cuál?	哪个?	nǎ ge?
¿A quién?	给谁?	gěi shéi?
¿De quién? (~ hablan …)	关于谁?	guān yú shéi?
¿De qué?	关于什么?	guān yú shénme?
¿Con quién?	跟谁?	gēn héi?
¿Cuánto?	多少?	duōshao?
¿De quién?	谁的?	shéi de?

4. Las preposiciones

con … (~ algn)	和，跟	hé, gēn
sin … (~ azúcar)	没有	méi yǒu
a … (p.ej. voy a México)	往	wǎng
de … (hablar ~)	关于	guān yú
antes de …	在 … 之前	zài … zhǐ qián
delante de …	在 … 前面	zài … qián mian
debajo	在 … 下面	zài … xià mian
sobre …, encima de …	在 … 上方	zài … shàng fāng
en, sobre (~ la mesa)	在 … 上	zài … shàng
de (origen)	从	cóng
de (fabricado de)	… 做的	… zuò de
dentro de …	在 … 之后	zài … zhǐ hòu
encima de …	跨过	kuà guò

5. Las palabras útiles. Los adverbios. Unidad 1

¿Dónde?	在哪儿?	zài nǎr?
aquí (adv)	在这儿	zài zhèr
allí (adv)	那儿	nàr
en alguna parte	某处	mǒu chù
en ninguna parte	无处	wú chù
junto a …	在 … 旁边	zài … páng biān
junto a la ventana	在窗户旁边	zài chuānghu páng biān
¿A dónde?	到哪儿?	dào nǎr?
aquí (venga ~)	到这儿	dào zhèr
allí (vendré ~)	往那边	wǎng nà bian
de aquí (adv)	从这里	cóng zhè lǐ
de allí (adv)	从那里	cóng nà lǐ
cerca (no lejos)	附近	fù jìn
lejos (adv)	远	yuǎn
cerca de …	在 … 附近	zài … fù jìn
al lado (de …)	在附近,在近处	zài fù jìn, zài jìn chù
no lejos (adv)	不远	bù yuǎn
izquierdo (adj)	左边的	zuǒ bian de
a la izquierda (situado ~)	在左边	zài zuǒ bian
a la izquierda (girar ~)	往左	wàng zuǒ
derecho (adj)	右边的	yòu bian de
a la derecha (situado ~)	在右边	zài yòu bian
a la derecha (girar)	往右	wàng yòu
delante (yo voy ~)	在前面	zài qián miàn
delantero (adj)	前 … ,前面的	qián …, qián miàn de
adelante (movimiento)	先走	xiān zǒu
detrás de …	在后面	zài hòu miàn
desde atrás	从后面	cóng hòu miàn
atrás (da un paso ~)	往后	wàng hòu
centro (m), medio (m)	中间	zhōng jiān
en medio (adv)	在中间	zài zhōng jiān
de lado (adv)	在一边	zài yī biān
en todas partes	到处	dào chù
alrededor (adv)	周围	zhōu wéi
de dentro (adv)	从里面	cóng lǐ miàn
a alguna parte	往某处	wàng mǒu chù
todo derecho (adv)	径直地	jìng zhí de

atrás (muévelo para ~)	往后	wàng hòu
de alguna parte (adv)	从任何地方	cóng rèn hé de fāng
no se sabe de dónde	从某处	cóng mǒu chù
primero (adv)	第一	dì yī
segundo (adv)	第二	dì èr
tercero (adv)	第三	dì sān
de súbito (adv)	忽然	hū rán
al principio (adv)	最初	zuì chū
por primera vez	初次	chū cì
mucho tiempo antes …	… 之前很久	… zhī qián hěn jiǔ
de nuevo (adv)	重新	chóng xīn
para siempre (adv)	永远	yǒng yuǎn
jamás, nunca (adv)	从未	cóng wèi
de nuevo (adv)	再	zài
ahora (adv)	目前	mù qián
frecuentemente (adv)	经常	jīng cháng
entonces (adv)	当时	dāng shí
urgentemente (adv)	紧急地	jǐn jí de
usualmente (adv)	通常	tōng cháng
a propósito, …	顺便	shùn biàn
es probable	可能	kě néng
probablemente (adv)	大概	dà gài
tal vez	可能	kě néng
además …	再说 …	zài shuō …
por eso …	所以 …	suǒ yǐ …
a pesar de …	尽管 …	jǐn guǎn …
gracias a …	由于 …	yóu yú …
qué (pron)	什么	shén me
algo (~ le ha pasado)	某物	mǒu wù
algo (~ así)	任何事	rèn hé shì
nada (f)	毫不，决不	háo bù, jué bù
quien	谁	shéi
alguien (viene ~)	有人	yǒu rén
alguien (¿ha llamado ~?)	某人	mǒu rén
nadie	无人	wú rén
a ninguna parte	哪里都不	nǎ lǐ dōu bù
de nadie	无人的	wú rén de
de alguien	某人的	mǒu rén de
tan, tanto (adv)	这么	zhè me
también (~ habla francés)	也	yě
también (p.ej. Yo ~)	也	yě

6.   Las palabras útiles. Los adverbios. Unidad 2

¿Por qué?	为什么?	wèi shénme?
no se sabe porqué	由于某种原因	yóu yú mǒu zhǒng yuán yīn
porque ...	因为 ···	yīn wèi ...
por cualquier razón (adv)	不知为什么	bùzhī wèi shénme
y (p.ej. uno y medio)	和	hé
o (p.ej. té o café)	或者，还是	huò zhě, hái shì
pero (p.ej. me gusta, ~)	但	dàn
para (p.ej. es para ti)	为	wèi
demasiado (adv)	太	tài
sólo, solamente (adv)	只	zhǐ
exactamente (adv)	精确地	jīng què de
unos ..., cerca de ... (~ 10 kg)	大约	dà yuē
aproximadamente	大概	dà gài
aproximado (adj)	大概的	dà gài de
casi (adv)	差不多	chà bu duō
resto (m)	剩下的	shèng xià de
cada (adj)	每个的	měi gè de
cualquier (adj)	任何	rèn hé
mucho (adv)	许多	xǔ duō
muchos (mucha gente)	很多人	hěn duō rén
todos	都	dōu
a cambio de ...	作为交换	zuò wéi jiāo huàn
en cambio (adv)	作为交换	zuò wéi jiāo huàn
a mano (hecho ~)	手工	shǒu gōng
poco probable	几乎不	jī hū bù
probablemente	可能	kě néng
a propósito (adv)	故意	gù yì
por accidente (adv)	偶然的	ǒu rán de
muy (adv)	很	hěn
por ejemplo (adv)	例如	lì rú
entre (~ nosotros)	之间	zhī jiān
entre (~ otras cosas)	在 ··· 中	zài ... zhōng
tanto (~ gente)	这么多	zhè me duō
especialmente (adv)	特别	tè bié

NÚMEROS. MISCELÁNEA

T&P Books Publishing

7. Números cardinales. Unidad 1

cero	零	líng
uno	一	yī
dos	二	èr
tres	三	sān
cuatro	四	sì
cinco	五	wǔ
seis	六	liù
siete	七	qī
ocho	八	bā
nueve	九	jiǔ
diez	十	shí
once	十一	shí yī
doce	十二	shí èr
trece	十三	shí sān
catorce	十四	shí sì
quince	十五	shí wǔ
dieciséis	十六	shí liù
diecisiete	十七	shí qī
dieciocho	十八	shí bā
diecinueve	十九	shí jiǔ
veinte	二十	èrshí
veintiuno	二十一	èrshí yī
veintidós	二十二	èrshí èr
veintitrés	二十三	èrshí sān
treinta	三十	sānshí
treinta y uno	三十一	sānshí yī
treinta y dos	三十二	sānshí èr
treinta y tres	三十三	sānshí sān
cuarenta	四十	sìshí
cuarenta y uno	四十一	sìshí yī
cuarenta y dos	四十二	sìshí èr
cuarenta y tres	四十三	sìshí sān
cincuenta	五十	wǔshí
cincuenta y uno	五十一	wǔshí yī
cincuenta y dos	五十二	wǔshí èr
cincuenta y tres	五十三	wǔshí sān
sesenta	六十	liùshí

sesenta y uno	六十一	liùshí yī
sesenta y dos	六十二	liùshí èr
sesenta y tres	六十三	liùshí sān
setenta	七十	qīshí
setenta y uno	七十一	qīshí yī
setenta y dos	七十二	qīshí èr
setenta y tres	七十三	qīshí sān
ochenta	八十	bāshí
ochenta y uno	八十一	bāshí yī
ochenta y dos	八十二	bāshí èr
ochenta y tres	八十三	bāshí sān
noventa	九十	jiǔshí
noventa y uno	九十一	jiǔshí yī
noventa y dos	九十二	jiǔshí èr
noventa y tres	九十三	jiǔshí sān

8. Números cardinales. Unidad 2

cien	一百	yī bǎi
doscientos	两百	liǎng bǎi
trescientos	三百	sān bǎi
cuatrocientos	四百	sì bǎi
quinientos	五百	wǔ bǎi
seiscientos	六百	liù bǎi
setecientos	七百	qī bǎi
ochocientos	八百	bā bǎi
novecientos	九百	jiǔ bǎi
mil	一千	yī qiān
dos mil	两千	liǎng qiān
tres mil	三千	sān qiān
diez mil	一万	yī wàn
cien mil	十万	shí wàn
millón (m)	百万	bǎi wàn
mil millones	十亿	shíyì

9. Números ordinales

primero (adj)	第一	dì yī
segundo (adj)	第二	dì èr
tercero (adj)	第三	dì sān
cuarto (adj)	第四	dì sì
quinto (adj)	第五	dì wǔ
sexto (adj)	第六	dì liù

séptimo (adj)	第七	dì qī
octavo (adj)	第八	dì bā
noveno (adj)	第九	dì jiǔ
décimo (adj)	第十	dì shí

T&P BOOKS

LOS COLORES.
LAS UNIDADES DE MEDIDA

T&P Books Publishing

10. Los colores

color (m)	颜色	yán sè
matiz (m)	色调	sè diào
tono (m)	色调	sè diào
arco (m) iris	彩虹	cǎi hóng
blanco (adj)	白的	bái de
negro (adj)	黑色的	hēi sè de
gris (adj)	灰色的	huī sè de
verde (adj)	绿色的	lǜ sè de
amarillo (adj)	黄色的	huáng sè de
rojo (adj)	红色的	hóng sè de
azul (adj)	蓝色的	lán sè
azul claro (adj)	天蓝色的	tiānlán sè
rosa (adj)	粉红色的	fěnhóng sè
naranja (adj)	橙色的	chéng sè de
violeta (adj)	紫色的	zǐ sè de
marrón (adj)	棕色的	zōng sè de
dorado (adj)	金色的	jīn sè de
argentado (adj)	银白色的	yín bái sè de
beige (adj)	浅棕色的	qiǎn zōng sè de
crema (adj)	奶油色的	nǎi yóu sè de
turquesa (adj)	青绿色的	qīng lǜ sè de
rojo cereza (adj)	樱桃色的	yīng táo sè de
lila (adj)	淡紫色的	dànzǐ sè de
carmesí (adj)	深红色的	shēn hóng sè de
claro (adj)	淡色的	dàn sè de
oscuro (adj)	深色的	shēn sè de
vivo (adj)	鲜艳的	xiān yàn de
de color (lápiz ~)	有色的	yǒu sè de
en colores (película ~)	彩色的	cǎi sè de
blanco y negro (adj)	黑白色的	hēi bái sè de
unicolor (adj)	单色的	dān sè de
multicolor (adj)	杂色的	zá sè de

11. Las unidades de medida

peso (m)	重量	zhòng liàng
longitud (f)	长，长度	cháng, cháng dù

anchura (f)	宽度	kuān dù
altura (f)	高度	gāo dù
profundidad (f)	深度	shēn dù
volumen (m)	容量	róng liàng
área (f)	面积	miàn jī
gramo (m)	克	kè
miligramo (m)	毫克	háo kè
kilogramo (m)	公斤	gōng jīn
tonelada (f)	吨	dūn
libra (f)	磅	bàng
onza (f)	盎司	àng sī
metro (m)	米	mǐ
milímetro (m)	毫米	háo mǐ
centímetro (m)	厘米	límǐ
kilómetro (m)	公里	gōng lǐ
milla (f)	英里	yīng lǐ
pulgada (f)	英寸	yīng cùn
pie (m)	英尺	yīng chǐ
yarda (f)	码	mǎ
metro (m) cuadrado	平方米	píng fāng mǐ
hectárea (f)	公顷	gōng qǐng
litro (m)	升	shēng
grado (m)	度	dù
voltio (m)	伏，伏特	fú, fú tè
amperio (m)	安培	ān péi
caballo (m) de fuerza	马力	mǎ lì
cantidad (f)	量	liàng
un poco de …	一点	yī diǎn
mitad (f)	一半	yī bàn
docena (f)	一打	yī dá
pieza (f)	个	gè
dimensión (f)	大小	dà xiǎo
escala (f) (del mapa)	比例	bǐ lì
mínimo (adj)	最低的	zuì dī de
el más pequeño (adj)	最小的	zuì xiǎo de
medio (adj)	中等的	zhōng děng de
máximo (adj)	最多的	zuì duō de
el más grande (adj)	最大的	zuì dà de

12. Contenedores

tarro (m) de vidrio	玻璃罐	bōli guàn
lata (f)	罐头	guàn tou

cubo (m)	吊桶	diào tǒng
barril (m)	桶	tǒng
palangana (f)	盆	pén
tanque (m)	箱	xiāng
petaca (f) (de alcohol)	小酒壶	xiǎo jiǔ hú
bidón (m) de gasolina	汽油罐	qì yóu guàn
cisterna (f)	储水箱	chǔ shuǐ xiāng
taza (f) (mug de cerámica)	马克杯	mǎkè bēi
taza (f) (~ de café)	杯子	bēi zi
platillo (m)	碟子	dié zi
vaso (m) (~ de agua)	杯子	bēi zi
copa (f) (~ de vino)	酒杯	jiǔ bēi
olla (f)	炖锅	dùn guō
botella (f)	瓶子	píng zi
cuello (m) de botella	瓶颈	píng jǐng
garrafa (f)	长颈玻璃瓶	chángjǐng bōli píng
jarro (m) (~ de agua)	粘土壶	nián tǔ hú
recipiente (m)	器皿	qì mǐn
tarro (m)	花盆	huā pén
florero (m)	花瓶	huā píng
frasco (m) (~ de perfume)	小瓶	xiǎo píng
frasquito (m)	小玻璃瓶	xiǎo bōli píng
tubo (m)	软管	ruǎn guǎn
saco (m) (~ de azúcar)	麻袋	má dài
bolsa (f) (~ plástica)	袋	dài
paquete (m) (~ de cigarrillos)	包，盒	bāo, hé
caja (f)	盒子	hé zi
cajón (m) (~ de madera)	箱子	xiāng zi
cesta (f)	篮子	lán zi

LOS VERBOS MÁS IMPORTANTES

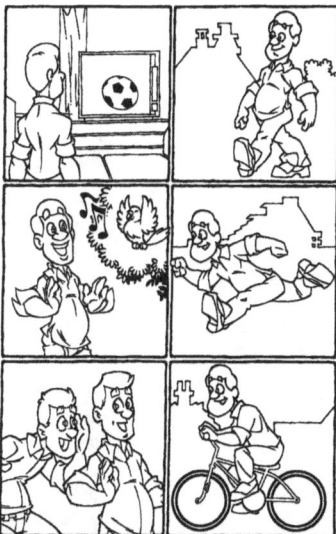

T&P Books Publishing

abrir (vt)	开	kāi
acabar, terminar (vt)	结束	jié shù
aconsejar (vt)	建议	jià nyì
adivinar (vt)	猜中	cāi zhòng
advertir (vt)	警告	jǐng gào
alabarse, jactarse (vr)	自夸	zì kuā
almorzar (vi)	吃午饭	chī wǔ fàn
alquilar (~ una casa)	租房	zū fáng
amenazar (vt)	威胁	wēi xié
arrepentirse (vr)	后悔	hòu huǐ
ayudar (vt)	帮助	bāng zhù
bañarse (vr)	去游泳	qù yóu yǒng
bromear (vi)	开玩笑	kāi wán xiào
buscar (vt)	寻找	xún zhǎo
caer (vi)	跌倒	diē dǎo
callarse (vr)	沉默	chén mò
cambiar (vt)	改变	gǎi biàn
castigar, punir (vt)	惩罚	chéng fá
cavar (vt)	挖	wā
cazar (vi, vt)	打猎	dǎ liè
cenar (vi)	吃晚饭	chī wǎn fàn
cesar (vt)	停止	tíng zhǐ
coger (vt)	抓住	zhuā zhù
comenzar (vt)	开始	kāi shǐ
comparar (vt)	比较	bǐ jiào
comprender (vt)	明白	míng bai
confiar (vt)	信任	xìn rèn
confundir (vt)	混淆	hùn xiáo
conocer (~ a alguien)	认识	rèn shi
contar (vt) (enumerar)	计算	jì suàn
contar con ...	指望	zhǐ wàng
continuar (vt)	继续	jì xù
controlar (vt)	控制	kòng zhì
correr (vi)	跑	pǎo
costar (vt)	价钱为	jià qian wèi
crear (vt)	创造	chuàng zào

14. Los verbos más importantes. Unidad 2

dar (vt)	给	gěi
dar una pista	暗示	àn shì
decir (vt)	说	shuō
decorar (para la fiesta)	装饰	zhuāng shì
defender (vt)	保卫	bǎo wèi
dejar caer	掉	diào
desayunar (vi)	吃早饭	chī zǎo fàn
descender (vi)	下来	xià lai
dirigir (administrar)	管理	guǎn lǐ
disculparse (vr)	道歉	dào qiàn
discutir (vt)	讨论	tǎo lùn
dudar (vt)	怀疑	huái yí
encontrar (hallar)	找到	zhǎo dào
engañar (vi, vt)	骗	piàn
entrar (vi)	进来	jìn lái
enviar (vt)	寄	jì
equivocarse (vr)	犯错	fàn cuò
escoger (vt)	选	xuǎn
esconder (vt)	藏	cáng
escribir (vt)	写	xiě
esperar (aguardar)	等	děng
esperar (tener esperanza)	希望	xī wàng
estar de acuerdo	同意	tóng yì
estudiar (vt)	学习	xué xí
exigir (vt)	要求	yāo qiú
existir (vi)	存在	cún zài
explicar (vt)	说明	shuō míng
faltar (a las clases)	错过	cuò guò
firmar (~ el contrato)	签名	qiān míng
girar (~ a la izquierda)	转弯	zhuǎn wān
gritar (vi)	叫喊	jiào hǎn
guardar (conservar)	保存	bǎo cún
gustar (vi)	喜欢	xǐ huan
hablar (vi, vt)	说	shuō
hacer (vt)	做	zuò
informar (vt)	通知	tōng zhī
insistir (vi)	坚持	jiān chí
insultar (vt)	侮辱	wǔ rǔ
interesarse (vr)	对 … 感兴趣	duì … gǎn xìng qù
invitar (vt)	邀请	yāo qǐng

| ir (a pie) | 走 | zǒu |
| jugar (divertirse) | 玩 | wán |

15. Los verbos más importantes. Unidad 3

leer (vi, vt)	读	dú
liberar (ciudad, etc.)	解放	jiě fàng
llamar (por ayuda)	呼	hū
llegar (vi)	来到	lái dào
llorar (vi)	哭	kū
matar (vt)	杀死	shā sǐ
mencionar (vt)	提到	tí dào
mostrar (vt)	展示	zhǎn shì
nadar (vi)	游泳	yóuyǒng
negarse (vr)	拒绝	jù jué
objetar (vt)	反对	fǎn duì
observar (vt)	观察	guān chá
oír (vt)	听见	tīng jiàn
olvidar (vt)	忘	wàng
orar (vi)	祈祷	qí dǎo
ordenar (mil.)	命令	mìng lìng
pagar (vi, vt)	付，支付	fù, zhī fù
pararse (vr)	停	tíng
participar (vi)	参与	cān yù
pedir (ayuda, etc.)	请求	qǐng qiú
pedir (en restaurante)	订	dìng
pensar (vi, vt)	想	xiǎng
percibir (ver)	注意到	zhù yì dào
perdonar (vt)	原谅	yuán liàng
permitir (vt)	允许	yǔn xǔ
pertenecer a …	属于	shǔ yú
planear (vt)	计划	jì huà
poder (v aux)	能	néng
poseer (vt)	拥有	yōng yǒu
preferir (vt)	宁愿	nìng yuàn
preguntar (vt)	问	wèn
preparar (la cena)	做饭	zuò fàn
prever (vt)	预见	yù jiàn
probar, tentar (vt)	试图	shì tú
prometer (vt)	承诺	chéng nuò
pronunciar (vt)	发音	fā yīn
proponer (vt)	提议	tí yì
quebrar (vt)	打破	dǎ pò

quejarse (vr)	抱怨	bào yuàn
querer (amar)	爱	ài
querer (desear)	想，想要	xiǎng, xiǎng yào

16. Los verbos más importantes. Unidad 4

recomendar (vt)	推荐	tuī jiàn
regañar, reprender (vt)	责骂	zé mà
reírse (vr)	笑	xiào
repetir (vt)	重复	chóng fù
reservar (~ una mesa)	预订	yù dìng
responder (vi, vt)	回答	huí dá

robar (vt)	偷窃	tōu qiè
saber (~ algo mas)	知道	zhī dào
salir (vi)	走出去	zǒu chū qù
salvar (vt)	救出	jiù chū
seguir ...	跟随	gēn suí
sentarse (vr)	坐下	zuò xia

ser necesario	需要	xū yào
ser, estar (vi)	当	dāng
significar (vt)	表示	biǎo shì
sonreír (vi)	微笑	wēi xiào
sorprenderse (vr)	吃惊	chī jīng

subestimar (vt)	轻视	qīng shì
tener (vt)	有	yǒu
tener hambre	饿	è
tener miedo	害怕	hài pà

tener prisa	赶紧	gǎn jǐn
tener sed	渴	kě
tirar, disparar (vi)	射击	shè jī
tocar (con las manos)	摸	mō
tomar (vt)	拿	ná
tomar nota	记录	jì lù

trabajar (vi)	工作	gōng zuò
traducir (vt)	翻译	fān yì
unir (vt)	联合	lián hé
vender (vt)	卖	mài
ver (vt)	见，看见	jiàn, kàn jiàn
volar (pájaro, avión)	飞	fēi

BOOKS

T&P

LA HORA. EL CALENDARIO

. Los días de la semana
18. Las horas. El día y la noche
19. Los meses. Las estaciones

T&P Books Publishing

17. Los días de la semana

lunes (m)	星期一	xīng qī yī
martes (m)	星期二	xīng qī èr
miércoles (m)	星期三	xīng qī sān
jueves (m)	星期四	xīng qī sì
viernes (m)	星期五	xīng qī wǔ
sábado (m)	星期六	xīng qī liù
domingo (m)	星期天	xīng qī tiān
hoy (adv)	今天	jīn tiān
mañana (adv)	明天	míng tiān
pasado mañana	后天	hòu tiān
ayer (adv)	昨天	zuó tiān
anteayer (adv)	前天	qián tiān
día (m)	白天	bái tiān
día (m) de trabajo	工作日	gōng zuò rì
día (m) de fiesta	节日	jié rì
día (m) de descanso	休假日	xiū jià rì
fin (m) de semana	周末	zhōu mò
todo el día	一整天	yī zhěng tiān
al día siguiente	次日	cì rì
dos días atrás	两天前	liǎng tiān qián
en vísperas (adv)	前一天	qián yī tiān
diario (adj)	每天的	měi tiān de
cada día (adv)	每天地	měi tiān de
semana (f)	星期	xīng qī
semana (f) pasada	上星期	shàng xīng qī
semana (f) que viene	次周	cì zhōu
semanal (adj)	每周的	měi zhōu de
cada semana (adv)	每周	měi zhōu
2 veces por semana	一周两次	yìzhōu liǎngcì
todos los martes	每个星期二	měi gè xīng qī èr

18. Las horas. El día y la noche

mañana (f)	早晨	zǎo chén
por la mañana	在上午	zài shàng wǔ
mediodía (m)	中午	zhōng wǔ
por la tarde	在下午	zài xià wǔ
noche (f)	晚间	wǎn jiān

por la noche	在晚上	zài wǎn shang
noche (f) (p.ej. 2:00 a.m.)	夜晚	yè wǎn
por la noche	夜间	yè jiān
medianoche (f)	午夜	wǔ yè
segundo (m)	秒	miǎo
minuto (m)	分钟	fēn zhōng
hora (f)	小时	xiǎo shí
media hora (f)	半小时	bàn xiǎo shí
cuarto (m) de hora	一刻钟	yī kè zhōng
quince minutos	十五分钟	shíwǔ fēn zhōng
veinticuatro horas	昼夜	zhòuyè
salida (f) del sol	日出	rì chū
amanecer (m)	黎明	lí míng
madrugada (f)	清晨	qīng chén
puesta (f) del sol	日落	rì luò
de madrugada	一大早地	yī dà zǎo de
esta mañana	今天早上	jīntiān zǎo shang
mañana por la mañana	明天早上	míngtiān zǎo shang
esta tarde	今天下午	jīntiān xià wǔ
por la tarde	在下午	zài xià wǔ
mañana por la tarde	明天下午	míngtiān xià wǔ
esta noche (p.ej. 8:00 p.m.)	今晚	jīn wǎn
mañana por la noche	明天晚上	míngtiān wǎn shang
a eso de las cuatro	快到四点钟了	kuài dào sì diǎnzhōng le
para las doce	十二点钟	shí èr diǎnzhōng
dentro de veinte minutos	二十分钟 以后	èrshí fēnzhōng yǐhòu
dentro de una hora	在一个小时	zài yī gè xiǎo shí
a tiempo (adv)	按时	àn shí
... menos cuarto	差一刻	chà yī kè
durante una hora	一小时内	yī xiǎo shí nèi
cada quince minutos	每个十五分钟	měi gè shíwǔ fēnzhōng
día y noche	日夜	rì yè

19. Los meses. Las estaciones

enero (m)	一月	yī yuè
febrero (m)	二月	èr yuè
marzo (m)	三月	sān yuè
abril (m)	四月	sì yuè
mayo (m)	五月	wǔ yuè
junio (m)	六月	liù yuè

julio (m)	七月	qī yuè
agosto (m)	八月	bā yuè
septiembre (m)	九月	jiǔ yuè
octubre (m)	十月	shí yuè
noviembre (m)	十一月	shí yī yuè
diciembre (m)	十二月	shí èr yuè
primavera (f)	春季，春天	chūn jì
en primavera	在春季	zài chūn jì
de primavera (adj)	春天的	chūn tiān de
verano (m)	夏天	xià tiān
en verano	在夏天	zài xià tiān
de verano (adj)	夏天的	xià tiān de
otoño (m)	秋天	qiū tiān
en otoño	在秋季	zài qiū jì
de otoño (adj)	秋天的	qiū tiān de
invierno (m)	冬天	dōng tiān
en invierno	在冬季	zài dōng jì
de invierno (adj)	冬天的	dōng tiān de
mes (m)	月，月份	yuè, yuèfèn
este mes	本月	běn yuè
al mes siguiente	次月	cì yuè
el mes pasado	上个月	shàng gè yuè
hace un mes	一个月前	yī gè yuè qián
dentro de un mes	在一个月	zài yī gè yuè
dentro de dos meses	过两个月	guò liǎng gè yuè
todo el mes	整个月	zhěnggè yuè
todo un mes	整个月	zhěnggè yuè
mensual (adj)	每月的	měi yuè de
mensualmente (adv)	每月	měi yuè
cada mes	每月	měi yuè
dos veces por mes	一个月两次	yī gè yuè liǎngcì
año (m)	年	nián
este año	今年，本年度	jīn nián, běn nián dù
el próximo año	次年	cì nián
el año pasado	去年	qù nián
hace un año	一年前	yī nián qián
dentro de un año	在一年	zài yī nián
dentro de dos años	过两年	guò liǎng nián
todo el año	一整年	yī zhěng nián
todo un año	表示一整年	biǎo shì yī zhěng nián
cada año	每年	měi nián
anual (adj)	每年的	měi nián de

anualmente (adv)	每年	měi nián
cuatro veces por año	一年四次	yī nián sì cì
fecha (f) (la ~ de hoy es …)	日期	rìqī
fecha (f) (~ de entrega)	日期	rìqī
calendario (m)	日历	rìlì
medio año (m)	半年	bàn nián
seis meses	半年	bàn nián
estación (f)	季节	jì jié
siglo (m)	世纪	shì jì

T&P BOOKS

EL VIAJE. EL HOTEL

T&P Books Publishing

20. Las vacaciones. El viaje

turismo (m)	旅 游	lǚ yóu
turista (m)	旅行者	lǚ xíng zhě
viaje (m)	旅行	lǚ xíng
aventura (f)	冒险	mào xiǎn
viaje (m) (p.ej. ~ en coche)	旅行	lǚ xíng
vacaciones (f pl)	休假	xiū jià
estar de vacaciones	放假	fàng jià
descanso (m)	休息	xiū xi
tren (m)	火车	huǒ chē
en tren	乘火车	chéng huǒchē
avión (m)	飞机	fēijī
en avión	乘飞机	chéng fēijī
en coche	乘汽车	chéng qìchē
en barco	乘船	chéng chuán
equipaje (m)	行李	xíng li
maleta (f)	手提箱	shǒu tí xiāng
carrito (m) de equipaje	行李车	xíng li chē
pasaporte (m)	护照	hù zhào
visado (m)	签证	qiān zhèng
billete (m)	票	piào
billete (m) de avión	飞机票	fēijī piào
guía (f) (libro)	旅行指南	lǚ xíng zhǐ nán
mapa (m)	地图	dì tú
área (f) (~ rural)	地方	dì fang
lugar (m)	地方	dì fang
exotismo (m)	尖蕊莺尾	jiān ruǐ yuān wěi
exótico (adj)	外来的	wài lái de
asombroso (adj)	惊人的	jīng rén de
grupo (m)	组	zǔ
excursión (f)	游览	yóu lǎn
guía (m) (persona)	导游	dǎo yóu

21. El hotel

hotel (m)	酒店	jiǔ diàn
motel (m)	汽车旅馆	qì chē lǚ guǎn

de tres estrellas	三星级	sān xīng jí
de cinco estrellas	五星级	wǔ xīng jí
hospedarse (vr)	暂住	zàn zhù

habitación (f)	房间	fáng jiān
habitación (f) individual	单人间	dān rén jiān
habitación (f) doble	双人间	shuāng rén jiān
reservar una habitación	订房间	dìng fáng jiān

| media pensión (f) | 半膳宿 | bàn shàn sù |
| pensión (f) completa | 全食宿 | quán shí sù |

con baño	带洗澡间	dài xǐ zǎo jiān
con ducha	带有淋浴	dài yǒu lín yù
televisión (f) satélite	卫星电视	wèixīng diànshì
climatizador (m)	空调	kōng tiáo
toalla (f)	毛巾，浴巾	máo jīn, yù jīn
llave (f)	钥匙	yào shi

administrador (m)	管理者	guǎn lǐ zhě
camarera (f)	女服务员	nǚ fú wù yuán
maletero (m)	行李生	xíng li shēng
portero (m)	看门人	kān mén rén

restaurante (m)	饭馆	fàn guǎn
bar (m)	酒吧	jiǔ bā
desayuno (m)	早饭	zǎo fàn
cena (f)	晚餐	wǎn cān
buffet (m) libre	自助餐	zì zhù cān

| vestíbulo (m) | 大厅 | dà tīng |
| ascensor (m) | 电梯 | diàn tī |

| NO MOLESTAR | 请勿打扰 | qǐng wù dǎ rǎo |
| PROHIBIDO FUMAR | 禁止吸烟 | jìnzhǐ xīyān |

22. El turismo. La excursión

monumento (m)	纪念像	jì niàn xiàng
fortaleza (f)	堡垒	bǎo lěi
palacio (m)	宫殿	gōng diàn
castillo (m)	城堡	chéng bǎo
torre (f)	塔	tǎ
mausoleo (m)	陵墓	líng mù

arquitectura (f)	建筑	jiàn zhù
medieval (adj)	中世纪的	zhōng shì jì de
antiguo (adj)	古老的	gǔ lǎo de
nacional (adj)	国家，国民	guó jiā, guó mín
conocido (adj)	有名的	yǒu míng de

turista (m)	旅行者	lǚ xíng zhě
guía (m) (persona)	导游	dǎo yóu
excursión (f)	游览	yóu lǎn
mostrar (vt)	把 … 给 … 看	bǎ … gěi … kàn
contar (una historia)	讲	jiǎng
encontrar (hallar)	找到	zhǎo dào
perderse (vr)	迷路	mí lù
plano (m) (~ de metro)	地图	dì tú
mapa (m) (~ de la ciudad)	地图	dì tú
recuerdo (m)	纪念品	jì niàn pǐn
tienda (f) de regalos	礼品店	lǐ pǐn diàn
hacer fotos	拍照	pāi zhào
fotografiarse (vr)	拍照	pāi zhào

T&P BOOKS

EL TRANSPORTE

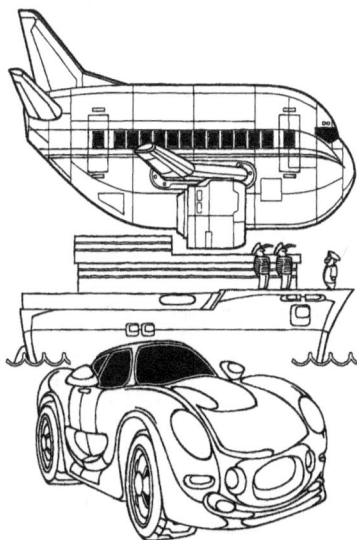

T&P Books Publishing

aeropuerto (m)	机场	jī chǎng
avión (m)	飞机	fēijī
compañía (f) aérea	航空公司	hángkōng gōngsī
controlador (m) aéreo	调度员	diào dù yuán
despegue (m)	出发	chū fā
llegada (f)	到达	dào dá
llegar (en avión)	到达	dào dá
hora (f) de salida	起飞时间	qǐ fēi shíjiān
hora (f) de llegada	到达时间	dào dá shíjiān
retrasarse (vr)	晚点	wǎn diǎn
retraso (m) de vuelo	班机晚点	bān jī wǎn diǎn
pantalla (f) de información	航班信息板	háng bān xìn xī bǎn
información (f)	信息	xìn xī
anunciar (vt)	通知	tōng zhī
vuelo (m)	航班，班机	háng bān, bān jī
aduana (f)	海关	hǎi guān
aduanero (m)	海关人员	hǎi guān rényuán
declaración (f) de aduana	报关单	bào guān dān
rellenar la declaración	填报关单	tián bào guān dān
control (m) de pasaportes	护照检查	hùzhào jiǎnchá
equipaje (m)	行李	xíng li
equipaje (m) de mano	手提行李	shǒu tí xíng li
carrito (m) de equipaje	行李车	xíng li chē
aterrizaje (m)	着陆	zhuó lù
pista (f) de aterrizaje	跑道	pǎo dào
aterrizar (vi)	着陆	zhuó lù
escaleras (f pl) (de avión)	舷梯	xián tī
facturación (f) (check-in)	办理登机	bàn lǐ dēng jī
mostrador (m) de facturación	办理登机手续处	bàn lǐ dēng jī shǒu xù chù
hacer el check-in	登记	dēng jì
tarjeta (f) de embarque	登机牌	dēng jī pái
puerta (f) de embarque	登机口	dēng jī kǒu
tránsito (m)	中转	zhōng zhuǎn
esperar (aguardar)	等候	děng hòu

zona (f) de preembarque	出发大厅	chū fā dà tīng
despedir (vt)	送别	sòng bié
despedirse (vr)	说再见	shuō zài jiàn

24. El avión

avión (m)	飞机	fēijī
billete (m) de avión	飞机票	fēijī piào
compañía (f) aérea	航空公司	hángkōng gōngsī
aeropuerto (m)	机场	jī chǎng
supersónico (adj)	超音速的	chāo yīn sù de

comandante (m)	机长	jī zhǎng
tripulación (f)	机组	jī zǔ
piloto (m)	飞行员	fēi xíng yuán
azafata (f)	空姐	kōng jiě
navegador (m)	领航员	lǐng háng yuán

alas (f pl)	机翼	jī yì
cola (f)	机尾	jī wěi
cabina (f)	座舱	zuò cāng
motor (m)	发动机	fā dòng jī
tren (m) de aterrizaje	起落架	qǐ luò jià
turbina (f)	涡轮	wō lún

hélice (f)	螺旋桨	luó xuán jiǎng
caja (f) negra	黑匣子	hēi xiá zi
timón (m)	飞机驾驶盘	fēijī jiàshǐpán
combustible (m)	燃料	rán liào

instructivo (m) de seguridad	指南	zhǐ nán
respirador (m) de oxígeno	氧气面具	yǎngqì miànjù
uniforme (m)	制服	zhì fú
chaleco (m) salvavidas	救生衣	jiù shēng yī
paracaídas (m)	降落伞	jiàng luò sǎn

despegue (m)	起飞	qǐ fēi
despegar (vi)	起飞	qǐ fēi
pista (f) de despegue	跑道	pǎo dào

visibilidad (f)	可见度	kě jiàn dù
vuelo (m)	飞行	fēi xíng
altura (f)	高度	gāo dù
pozo (m) de aire	气潭	qì tán

asiento (m)	座位	zuò wèi
auriculares (m pl)	耳机	ěr jī
mesita (f) plegable	折叠托盘	zhé dié tuō pán
ventana (f)	舷窗，机窗	xián chuāng, jī chuāng
pasillo (m)	过道	guò dào

25. El tren

tren (m)	火车	huǒ chē
tren (m) de cercanías	电动火车	diàndòng huǒ chē
tren (m) rápido	快车	kuài chē
locomotora (f) diésel	内燃机车	nèiránjī chē
tren (m) de vapor	蒸汽机车	zhēngqìjī chē

| coche (m) | 铁路客车 | tiě lù kè chē |
| coche (m) restaurante | 餐车 | cān chē |

rieles (m pl)	铁轨	tiě guǐ
ferrocarril (m)	铁路	tiě lù
traviesa (f)	枕木	zhěn mù

plataforma (f)	月台	yuè tái
vía (f)	月台	yuè tái
semáforo (m)	臂板信号机	bìbǎn xìnhào jī
estación (f)	火车站	huǒ chē zhàn

maquinista (m)	火车司机	huǒ chē sī jī
maletero (m)	搬运工	bān yùn gōng
mozo (m) del vagón	列车员	liè chē yuán
pasajero (m)	乘客	chéng kè
revisor (m)	列车员	liè chē yuán
corredor (m)	走廊	zǒu láng
freno (m) de urgencia	紧急制动器	jǐn jí zhì dòng qì

compartimiento (m)	包房	bāo fáng
litera (f)	卧铺	wò pù
litera (f) de arriba	上铺	shàng pù
litera (f) de abajo	下铺	xià pù
ropa (f) de cama	被单	bèi dān

billete (m)	票	piào
horario (m)	列车时刻表	lièchē shíkèbiǎo
pantalla (f) de información	时刻表	shí kè biǎo

partir (vi)	离开	lí kāi
partida (f) (del tren)	发车	fā chē
llegar (tren)	到达	dào dá
llegada (f)	到达	dào dá

llegar en tren	乘坐火车抵达	chéngzuò huǒchē dǐdá
tomar el tren	上车	shàng chē
bajar del tren	下车	xià chē

tren (m) de vapor	蒸汽机车	zhēngqìjī chē
fogonero (m)	添煤工	tiān méi gōng
hogar (m)	火箱	huǒ xiāng
carbón (m)	煤炭	méi tàn

26. El barco

barco, buque (m)	大船	dà chuán
navío (m)	船	chuán
buque (m) de vapor	汽船	qì chuán
motonave (f)	江轮	jiāng lún
trasatlántico (m)	远洋班轮	yuǎn yáng bān lún
crucero (m)	巡洋舰	xún yáng jiàn
yate (m)	快艇	kuài tǐng
remolcador (m)	拖轮	tuō lún
barcaza (f)	驳船	bó chuán
ferry (m)	渡轮，渡船	dù lún, dù chuán
velero (m)	帆船	fān chuán
bergantín (m)	双桅帆船	shuāng wéi fān chuán
rompehielos (m)	破冰船	pò bīng chuán
submarino (m)	潜水艇	qián shuǐ tǐng
bote (m) de remo	小船	xiǎo chuán
bote (m)	小艇	xiǎo tǐng
bote (m) salvavidas	救生艇	jiù shēng tǐng
lancha (f) motora	汽艇	qì tǐng
capitán (m)	船长，舰长	chuán zhǎng, jiàn zhǎng
marinero (m)	水手	shuǐ shǒu
marino (m)	海员	hǎi yuán
tripulación (f)	船员	chuán yuán
contramaestre (m)	水手长	shuǐ shǒu zhǎng
grumete (m)	小水手	xiǎo shuǐ shǒu
cocinero (m) de abordo	船上厨师	chuánshàng chúshī
médico (m) del buque	随船医生	suí chuán yī shēng
cubierta (f)	甲板	jiǎ bǎn
mástil (m)	桅	wéi
vela (f)	帆	fān
bodega (f)	货舱	huò cāng
proa (f)	船头	chuán tóu
popa (f)	船尾	chuán wěi
remo (m)	桨	jiǎng
hélice (f)	螺旋桨	luó xuán jiǎng
camarote (m)	小舱	xiǎo cāng
sala (f) de oficiales	旅客休息室	lǚkè xiū xī shì
sala (f) de máquinas	轮机舱	lún jī cāng
puente (m) de mando	舰桥	jiàn qiáo
sala (f) de radio	无线电室	wú xiàn diàn shì

onda (f)	波	bō
cuaderno (m) de bitácora	航海日志	háng hǎi rì zhì
anteojo (m)	单筒望远镜	dān tǒng wàng yuǎn jìng
campana (f)	钟	zhōng
bandera (f)	旗	qí
cabo (m) (maroma)	缆绳	lǎn shéng
nudo (m)	结	jié
pasamano (m)	栏杆	lán gān
pasarela (f)	舷梯	xián tī
ancla (f)	锚	máo
levar ancla	起锚	qǐ máo
echar ancla	抛锚	pāo máo
cadena (f) del ancla	锚链	máo liàn
puerto (m)	港市	gǎng shì
embarcadero (m)	码头	mǎ tóu
amarrar (vt)	系泊	jì bó
desamarrar (vt)	启航	qǐ háng
viaje (m)	旅行	lǚ xíng
crucero (m) (viaje)	航游	háng yóu
derrota (f) (rumbo)	航向	háng xiàng
itinerario (m)	航线	háng xiàn
canal (m) navegable	水路	shuǐ lù
bajío (m)	浅水	qiǎn shuǐ
encallar (vi)	搁浅	gē qiǎn
tempestad (f)	风暴	fēng bào
señal (f)	信号	xìn hào
hundirse (vr)	沉没	chén mò
SOS	求救信号	qiú jiù xìn hào
aro (m) salvavidas	救生圈	jiù shēng quān

LA CIUDAD

T&P Books Publishing

autobús (m)	公共汽车	gōnggòng qìchē
tranvía (m)	电车	diànchē
trolebús (m)	无轨电车	wúguǐ diànchē
itinerario (m)	路线	lù xiàn
número (m)	号	hào
ir en …	… 去	… qù
tomar (~ el autobús)	上车	shàng chē
bajar (~ del tren)	下车	xià chē
parada (f)	车站	chē zhàn
próxima parada (f)	下一站	xià yī zhàn
parada (f) final	终点站	zhōng diǎn zhàn
horario (m)	时刻表	shí kè biǎo
esperar (aguardar)	等	děng
billete (m)	票	piào
precio (m) del billete	票价	piào jià
cajero (m)	出纳	chū nà
control (m) de billetes	查验车票	chá yàn chē piào
revisor (m)	售票员	shòu piào yuán
llegar tarde (vi)	误点	wù diǎn
perder (~ el tren)	未赶上	wèi gǎn shàng
tener prisa	急忙	jí máng
taxi (m)	出租车	chūzūchē
taxista (m)	出租车司机	chūzūchē sī jī
en taxi	乘出租车	chéng chūzūchē
parada (f) de taxi	出租车站	chūzūchē zhàn
llamar un taxi	叫计程车	jiào jì chéng chē
tomar un taxi	乘出租车	chéng chūzūchē
tráfico (m)	交通	jiāo tōng
atasco (m)	堵车	dǔ chē
horas (f pl) de punta	高峰 时间	gāo fēng shí jiān
aparcar (vi)	停放	tíng fàng
aparcar (vt)	停放	tíng fàng
aparcamiento (m)	停车场	tíng chē cháng
metro (m)	地铁	dì tiě
estación (f)	站	zhàn
ir en el metro	坐地铁	zuò dì tiě

| tren (m) | 火车 | huǒ chē |
| estación (f) | 火车站 | huǒ chē zhàn |

28. La ciudad. La vida en la ciudad

ciudad (f)	城市	chéng shì
capital (f)	首都	shǒu dū
aldea (f)	村庄	cūn zhuāng

plano (m) de la ciudad	城市地图	chéng shì dìtú
centro (m) de la ciudad	城市中心	chéng shì zhōngxīn
suburbio (m)	郊区	jiāo qū
suburbano (adj)	郊区的	jiāo qū de

arrabal (m)	郊区	jiāo qū
afueras (f pl)	周围地区	zhōuwéi dì qū
barrio (m)	街区	jiē qū
zona (f) de viviendas	住宅区	zhù zhái qū

tráfico (m)	交通	jiāo tōng
semáforo (m)	红绿灯	hóng lǜ dēng
transporte (m) urbano	公共交通	gōng gòng jiāo tōng
cruce (m)	十字路口	shí zì lù kǒu

paso (m) de peatones	人行横道	rén xíng héng dào
paso (m) subterráneo	人行地道	rén xíng dìdào
cruzar (vt)	穿马路	chuān mǎ lù
peatón (m)	行人	xíng rén
acera (f)	人行道	rén xíng dào

puente (m)	桥	qiáo
muelle (m)	堤岸	dī àn
fuente (f)	喷泉	pēn quán

alameda (f)	小巷	xiǎo xiàng
parque (m)	公园	gōng yuán
bulevar (m)	林荫大道	lín yìn dàdào
plaza (f)	广场	guǎng chǎng
avenida (f)	大街	dàjiē
calle (f)	路	lù
callejón (m)	胡同	hú tòng
callejón (m) sin salida	死胡同	sǐ hú tòng

casa (f)	房子	fáng zi
edificio (m)	楼房，大厦	lóufáng, dàshà
rascacielos (m)	摩天大楼	mó tiān dà lóu

fachada (f)	正面	zhèng miàn
techo (m)	房顶	fáng dǐng
ventana (f)	窗户	chuāng hu

113

arco (m)	拱门	gǒng mén
columna (f)	柱	zhù
esquina (f)	拐角	guǎi jiǎo

escaparate (f)	商店橱窗	shāng diàn chú chuāng
letrero (m) (~ luminoso)	招牌	zhāo pái
cartel (m)	海报	hǎi bào
cartel (m) publicitario	广告画	guǎnggào huà
valla (f) publicitaria	广告牌	guǎnggào pái

basura (f)	垃圾	lā jī
cajón (m) de basura	垃圾桶	lā jī tǒng
tirar basura	乱扔	luàn rēng
basurero (m)	垃圾堆	lājī duī

cabina (f) telefónica	电话亭	diàn huà tíng
farola (f)	路灯	lù dēng
banco (m) (del parque)	长椅	chángyǐ

policía (m)	警察	jǐng chá
policía (f) (~ nacional)	警察	jǐng chá
mendigo (m)	乞丐	qǐgài

29. Las instituciones urbanas

tienda (f)	商店	shāng diàn
farmacia (f)	药房	yào fáng
óptica (f)	眼镜店	yǎn jìng diàn
centro (m) comercial	百货商店	bǎihuò shāngdiàn
supermercado (m)	超市	chāo shì

panadería (f)	面包店	miànbāo diàn
panadero (m)	面包师	miànbāo shī
pastelería (f)	糖果店	tángguǒ diàn
carnicería (f)	肉铺	ròu pù

| verdulería (f) | 水果店 | shuǐ guǒ diàn |
| mercado (m) | 市场 | shì chǎng |

cafetería (f)	咖啡馆	kāfēi guǎn
restaurante (m)	饭馆	fàn guǎn
cervecería (f)	酒吧	jiǔ bā
pizzería (f)	比萨饼店	bǐ sà bǐng diàn

peluquería (f)	理发店	lǐ fà diàn
oficina (f) de correos	邮局	yóu jú
tintorería (f)	干洗店	gān xǐ diàn
estudio (m) fotográfico	照相馆	zhào xiàng guǎn
zapatería (f)	鞋店	xié diàn
librería (f)	书店	shū diàn

tienda (f) deportiva	体育用品店	tǐ yù yòng pǐn diàn
arreglos (m pl) de ropa	修衣服店	xiū yī fu diàn
alquiler (m) de ropa	服装出租	fú zhuāng chū zū
videoclub (m)	DVD出租店	diwidi chūzūdiàn
circo (m)	马戏团	mǎ xì tuán
zoológico (m)	动物园	dòng wù yuán
cine (m)	电影院	diànyǐng yuàn
museo (m)	博物馆	bó wù guǎn
biblioteca (f)	图书馆	tú shū guǎn
teatro (m)	剧院	jù yuàn
ópera (f)	歌剧院	gē jù yuàn
club (m) nocturno	夜总会	yè zǒng huì
casino (m)	赌场	dǔ chǎng
mezquita (f)	清真寺	qīng zhēn sì
sinagoga (f)	犹太教堂	yóu tài jiào táng
catedral (f)	大教堂	dà jiào táng
templo (m)	庙宇，教堂	miào yǔ, jiào táng
iglesia (f)	教堂	jiào táng
instituto (m)	学院	xué yuàn
universidad (f)	大学	dà xué
escuela (f)	学校	xué xiào
alcaldía (f)	市政厅	shì zhèng tīng
hotel (m)	酒店	jiǔ diàn
banco (m)	银行	yín háng
embajada (f)	大使馆	dà shǐ guǎn
agencia (f) de viajes	旅行社	lǚ xíng shè
oficina (f) de información	问询处	wèn xún chù
oficina (f) de cambio	货币兑换处	huòbì duì huàn chù
metro (m)	地铁	dì tiě
hospital (m)	医院	yī yuàn
gasolinera (f)	加油站	jiā yóu zhàn
aparcamiento (m)	停车场	tíng chē cháng

30. Los avisos

letrero (m) (~ luminoso)	招牌	zhāo pái
cartel (m) (texto escrito)	题词	tí cí
pancarta (f)	宣传画	xuān chuán huà
señal (m) de dirección	指路标志	zhǐ lù biāo zhì
flecha (f) (signo)	箭头	jiàn tóu
advertencia (f)	警告	jǐng gào
aviso (m)	警告	jǐng gào

advertir (vt)	警告	jǐng gào
día (m) de descanso	休假日	xiū jià rì
horario (m)	时刻表	shí kè biǎo
horario (m) de apertura	营业时间	yíng yè shí jiān
¡BIENVENIDOS!	欢迎光临	huān yíng guāng lín
ENTRADA	入口	rù kǒu
SALIDA	出口	chū kǒu
EMPUJAR	推	tuī
TIRAR	拉	lā
ABIERTO	开门	kāi mén
CERRADO	关门	guān mén
MUJERES	女洗手间	nǚ xǐshǒujiān
HOMBRES	男洗手间	nán xǐshǒujiān
REBAJAS	折扣	zhé kòu
SALDOS	销售	xiāoshòu
NOVEDAD	新品！	xīnpǐn!
GRATIS	免费	miǎn fèi
¡ATENCIÓN!	请注意	qǐng zhù yì
COMPLETO	客满	kè mǎn
RESERVADO	留座	liú zuò
ADMINISTRACIÓN	高层管理者	gāocéng guǎnlǐ zhě
SÓLO PERSONAL AUTORIZADO	仅限员工通行	jǐn xiàn yuángōng tōngxíng
CUIDADO CON EL PERRO	当心狗！	dāng xīn gǒu!
PROHIBIDO FUMAR	禁止吸烟	jìnzhǐ xīyān
NO TOCAR	禁止触摸	jìn zhǐ chù mō
PELIGROSO	危险	wēi xiǎn
PELIGRO	危险	wēi xiǎn
ALTA TENSIÓN	高压危险	gāo yā wēi xiǎn
PROHIBIDO BAÑARSE	禁止游泳	jìnzhǐ yóuyǒng
NO FUNCIONA	故障中	gù zhàng zhōng
INFLAMABLE	易燃物质	yì rán wù zhì
PROHIBIDO	禁止	jìn zhǐ
PROHIBIDO EL PASO	禁止通行	jìnzhǐ tōng xíng
RECIÉN PINTADO	油漆未干	yóu qī wèi gān

31. Las compras

comprar (vt)	买，购买	mǎi, gòu mǎi
compra (f)	购买	gòu mǎi

hacer compras	去买东西	qù mǎi dōng xi
compras (f pl)	购物	gòu wù
estar abierto (tienda)	营业	yíng yè
estar cerrado	关门	guān mén
calzado (m)	鞋类	xié lèi
ropa (f)	服装	fú zhuāng
cosméticos (m pl)	化妆品	huà zhuāng pǐn
productos alimenticios	食品	shí pǐn
regalo (m)	礼物	lǐ wù
vendedor (m)	售货员	shòu huò yuán
vendedora (f)	女售货员	nǚ shòuhuò yuán
caja (f)	收银台	shōu yín tái
espejo (m)	镜子	jìng zi
mostrador (m)	柜台	guì tái
probador (m)	试衣间	shì yī jiān
probar (un vestido)	试穿	shì chuān
quedar (una ropa, etc.)	合适	hé shì
gustar (vi)	喜欢	xǐ huan
precio (m)	价格	jià gé
etiqueta (f) de precio	价格标签	jià gé biāo qiān
costar (vt)	价钱为	jià qian wèi
¿Cuánto?	多少钱？	duōshao qián?
descuento (m)	折扣	zhé kòu
no costoso (adj)	不贵的	bù guì de
barato (adj)	便宜的	pián yi de
caro (adj)	贵的	guì de
Es caro	这个太贵	zhège tàiguì
alquiler (m)	出租	chū zū
alquilar (vt)	租用	zū yòng
crédito (m)	赊购	shē gòu
a crédito (adv)	赊欠	shē qiàn

LA ROPA Y LOS ACCESORIOS

T&P Books Publishing

32. La ropa exterior. Los abrigos

ropa (f)	服装	fú zhuāng
ropa (f) de calle	外衣，上衣	wài yī, shàng yī
ropa (f) de invierno	寒衣	hán yī
abrigo (m)	大衣	dà yī
abrigo (m) de piel	皮大衣	pí dà yī
abrigo (m) corto de piel	皮草短外套	pí cǎo duǎn wài tào
chaqueta (f) plumón	羽绒服	yǔ róng fú
cazadora (f)	茄克衫	jiā kè shān
impermeable (m)	雨衣	yǔ yī
impermeable (adj)	不透水的	bù tòu shuǐ de

33. Ropa de hombre y mujer

camisa (f)	衬衫	chèn shān
pantalones (m pl)	裤子	kù zi
jeans, vaqueros (m pl)	牛仔裤	niú zǎi kù
chaqueta (f), saco (m)	西服上衣	xī fú shàng yī
traje (m)	套装	tào zhuāng
vestido (m)	连衣裙	lián yī qún
falda (f)	裙子	qún zi
blusa (f)	女衬衫	nǚ chèn shān
rebeca (f), chaqueta (f) de punto	针织毛衣	zhēn zhī máo yī
chaqueta (f)	茄克衫	jiā kè shān
camiseta (f) (T-shirt)	T桖	T xù
pantalones (m pl) cortos	短裤	duǎn kù
traje (m) deportivo	运动服	yùn dòng fú
bata (f) de baño	浴衣	yù yī
pijama (m)	睡衣	shuì yī
suéter (m)	毛衣	máo yī
pulóver (m)	套头衫	tào tóu shān
chaleco (m)	马甲	mǎ jiǎ
frac (m)	燕尾服	yàn wěi fú
esmoquin (m)	无尾礼服	wú wěi lǐ fú
uniforme (m)	制服	zhì fú
ropa (f) de trabajo	工作服	gōng zuò fú

| mono (m) | 连体服 | lián tǐ fú |
| bata (f) (p. ej. ~ blanca) | 医师服 | yī shī fú |

34. La ropa. La ropa interior

ropa (f) interior	内衣	nèi yī
camiseta (f) interior	汗衫	hàn shān
calcetines (m pl)	短袜	duǎn wà

camisón (m)	睡衣	shuì yī
sostén (m)	乳罩	rǔ zhào
calcetines (m pl) altos	膝上袜	xī shàng wà
pantimedias (f pl)	连裤袜	lián kù wà
medias (f pl)	长筒袜	cháng tǒng wà
traje (m) de baño	游泳衣	yóu yǒng yī

35. Gorras

gorro (m)	帽子	mào zi
sombrero (m) de fieltro	礼帽	lǐ mào
gorra (f) de béisbol	棒球帽	bàng qiú mào
gorra (f) plana	鸭舌帽	yā shé mào

boina (f)	贝雷帽	bèi léi mào
capuchón (m)	风帽	fēng mào
panamá (m)	巴拿马草帽	bānámǎ cǎo mào
gorro (m) de punto	针织帽	zhēn zhī mào

| pañuelo (m) | 头巾 | tóujīn |
| sombrero (m) de mujer | 女式帽 | nǚshì mào |

casco (m) (~ protector)	安全帽	ān quán mào
gorro (m) de campaña	船形帽	chuán xíng mào
casco (m) (~ de moto)	头盔	tóu kuī

| bombín (m) | 圆顶礼帽 | yuán dǐng lǐ mào |
| sombrero (m) de copa | 大礼帽 | dà lǐ mào |

36. El calzado

calzado (m)	鞋类	xié lèi
botas (f pl)	短靴	duǎn xuē
zapatos (m pl) (~ de tacón bajo)	翼尖鞋	yì jiān xié
botas (f pl) altas	靴子	xuē zi
zapatillas (f pl)	拖鞋	tuō xié

tenis (m pl)	运动鞋	yùndòng xié
zapatillas (f pl) de lona	胶底运动鞋	jiāodǐ yùndòng xié
sandalias (f pl)	凉鞋	liáng xié
zapatero (m)	鞋匠	xié jiàng
tacón (m)	鞋后跟	xié hòu gēn
par (m)	一双	yī shuāng
cordón (m)	鞋带	xié dài
encordonar (vt)	系鞋带	jì xié dài
calzador (m)	鞋拔	xié bá
betún (m)	鞋油	xié yóu

37. Accesorios personales

guantes (m pl)	手套	shǒu tào
manoplas (f pl)	连指手套	lián zhǐ shǒu tào
bufanda (f)	围巾	wéi jīn
gafas (f pl)	眼镜	yǎn jìng
montura (f)	眼镜框	yǎn jìng kuàng
paraguas (m)	雨伞	yǔ sǎn
bastón (m)	手杖	shǒu zhàng
cepillo (m) de pelo	梳子	shū zi
abanico (m)	扇子	shàn zi
corbata (f)	领带	lǐng dài
pajarita (f)	领结	lǐng jié
tirantes (m pl)	吊裤带	diào kù dài
moquero (m)	手帕	shǒu pà
peine (m)	梳子	shū zi
pasador (m) de pelo	发夹	fà jiā
horquilla (f)	发针	fà zhēn
hebilla (f)	皮带扣	pí dài kòu
cinturón (m)	腰带	yāo dài
correa (f) (de bolso)	肩带	jiān dài
bolsa (f)	包	bāo
bolso (m)	女手提包	nǚ shǒutí bāo
mochila (f)	背包	bēi bāo

38. La ropa. Miscelánea

moda (f)	时装	shí zhuāng
de moda (adj)	正在流行	zhèng zài liú xíng
diseñador (m) de moda	时装设计师	shízhuāng shèjìshī

cuello (m)	衣领，领子	yī lǐng, lǐng zi
bolsillo (m)	口袋	kǒu dài
de bolsillo (adj)	口袋的	kǒu dài de
manga (f)	袖子	xiù zi
presilla (f)	挂衣环	guà yī huán
bragueta (f)	前开口	qián kāi kǒu
cremallera (f)	拉链	lā liàn
cierre (m)	扣子	kòu zi
botón (m)	纽扣	niǔ kòu
ojal (m)	纽扣孔	niǔ kòu kǒng
saltar (un botón)	掉	diào
coser (vi, vt)	缝纫	féng rèn
bordar (vt)	绣	xiù
bordado (m)	绣花	xiù huā
aguja (f)	针	zhēn
hilo (m)	线	xiàn
costura (f)	线缝	xiàn féng
ensuciarse (vr)	弄脏	nòng zāng
mancha (f)	污点，污迹	wū diǎn, wū jì
arrugarse (vr)	起皱	qǐ zhòu
rasgar (vt)	扯破	chě pò
polilla (f)	衣蛾	yī é

39. Productos personales. Cosméticos

pasta (f) de dientes	牙膏	yá gāo
cepillo (m) de dientes	牙刷	yá shuā
limpiarse los dientes	刷牙	shuā yá
maquinilla (f) de afeitar	剃须刀	tì xū dāo
crema (f) de afeitar	剃须膏	tì xū gāo
afeitarse (vr)	刮脸	guā liǎn
jabón (m)	肥皂	féi zào
champú (m)	洗发液	xǐ fā yè
tijeras (f pl)	剪子，剪刀	jiǎn zi, jiǎndāo
lima (f) de uñas	指甲锉	zhǐ jia cuò
cortaúñas (m pl)	指甲钳	zhǐ jia qián
pinzas (f pl)	镊子	niè zi
cosméticos (m pl)	化妆品	huà zhuāng pǐn
mascarilla (f)	面膜	miàn mó
manicura (f)	美甲	měi jiǎ
hacer la manicura	修指甲	xiū zhǐ jia
pedicura (f)	足部护理	zú bù hù lǐ
bolsa (f) de maquillaje	化妆包	huà zhuāng bāo

polvos (m pl)	粉	fěn
polvera (f)	粉盒	fěn hé
colorete (m), rubor (m)	胭脂	yān zhī
perfume (m)	香水	xiāng shuǐ
agua (f) de tocador	香水	xiāng shuǐ
loción (f)	润肤液	rùn fū yè
agua (f) de Colonia	古龙水	gǔ lóng shuǐ
sombra (f) de ojos	眼影	yǎn yǐng
lápiz (m) de ojos	眼线笔	yǎn xiàn bǐ
rímel (m)	睫毛膏	jié máo gāo
pintalabios (m)	口红	kǒu hóng
esmalte (m) de uñas	指甲油	zhǐjia yóu
fijador (m) para el pelo	喷雾发胶	pēn wù fà jiāo
desodorante (m)	除臭剂	chú chòu jì
crema (f)	护肤霜	hù fū shuāng
crema (f) de belleza	面霜	miàn shuāng
crema (f) de manos	护手霜	hù shǒu shuāng
crema (f) antiarrugas	抗皱霜	kàng zhòu shuāng
de día (adj)	白天的	bái tiān de
de noche (adj)	夜间的	yè jiān de
tampón (m)	卫生棉条	wèi shēng mián tiáo
papel (m) higiénico	卫生纸	wèi shēng zhǐ
secador (m) de pelo	吹风机	chuī fēng jī

40. Los relojes

reloj (m)	手表	shǒu biǎo
esfera (f)	钟面	zhōng miàn
aguja (f)	指针	zhǐ zhēn
pulsera (f)	手表链	shǒu biǎo liàn
correa (f) (del reloj)	表带	biǎo dài
pila (f)	电池	diàn chí
descargarse (vr)	没电	méi diàn
cambiar la pila	换电池	huàn diàn chí
adelantarse (vr)	快	kuài
retrasarse (vr)	慢	màn
reloj (m) de pared	挂钟	guà zhōng
reloj (m) de arena	沙漏	shā lòu
reloj (m) de sol	日规	rì guī
despertador (m)	闹钟	nào zhōng
relojero (m)	钟表匠	zhōng biǎo jiàng
reparar (vt)	修理	xiū lǐ

LA EXPERIENCIA DIARIA

T&P Books Publishing

dinero (m)	钱，货币	qián, huòbì
cambio (m)	兑换	duì huàn
curso (m)	汇率	huì lǜ
cajero (m) automático	自动取款机	zì dòng qǔ kuǎn jī
moneda (f)	硬币	yìngbì
dólar (m)	美元	měi yuán
euro (m)	欧元	ōu yuán
lira (f)	里拉	lǐ lā
marco (m) alemán	德国马克	dé guó mǎ kè
franco (m)	法郎	fǎ láng
libra esterlina (f)	英镑	yīng bàng
yen (m)	日元	rì yuán
deuda (f)	债务	zhài wù
deudor (m)	债务人	zhài wù rén
prestar (vt)	借给	jiè gěi
tomar prestado	借	jiè
banco (m)	银行	yín háng
cuenta (f)	账户	zhànghù
ingresar en la cuenta	存款	cún kuǎn
sacar de la cuenta	提取	tí qǔ
tarjeta (f) de crédito	信用卡	xìn yòng kǎ
dinero (m) en efectivo	现金	xiàn jīn
cheque (m)	支票	zhī piào
sacar un cheque	开支票	kāi zhī piào
talonario (m)	支票本	zhīpiào běn
cartera (f)	钱包	qián bāo
monedero (m)	零钱包	líng qián bāo
caja (f) fuerte	保险柜	bǎo xiǎn guì
heredero (m)	继承人	jì chéng rén
herencia (f)	遗产	yí chǎn
fortuna (f)	财产，财富	cáichǎn, cáifù
arriendo (m)	租赁	zū lìn
alquiler (m) (dinero)	租金	zū jīn
alquilar (~ una casa)	租房	zū fáng
precio (m)	价格	jià gé
coste (m)	价钱	jià qian

suma (f)	金额	jīn é
gastar (vt)	花	huā
gastos (m pl)	花费	huā fèi
economizar (vi, vt)	节省	jié shěng
económico (adj)	节约的	jié yuē de

pagar (vi, vt)	付，支付	fù, zhī fù
pago (m)	酬金	chóu jīn
cambio (m) (devolver el ~)	零钱	líng qián

impuesto (m)	税，税款	shuì, shuì kuǎn
multa (f)	罚款	fá kuǎn
multar (vt)	罚款	fá kuǎn

42. La oficina de correos

oficina (f) de correos	邮局	yóu jú
correo (m) (cartas, etc.)	邮件	yóu jiàn
cartero (m)	邮递员	yóu dì yuán
horario (m) de apertura	营业时间	yíng yè shí jiān

carta (f)	信，信函	xìn, xìn hán
carta (f) certificada	挂号信	guà hào xìn
tarjeta (f) postal	明信片	míng xìn piàn
telegrama (m)	电报	diàn bào

| paquete (m) postal | 包裹，邮包 | bāo guǒ, yóu bāo |
| giro (m) postal | 汇款资讯 | huì kuǎn zī xùn |

recibir (vt)	收到	shōu dào
enviar (vt)	寄	jì
envío (m)	发信	fā xìn

| dirección (f) | 地址 | dì zhǐ |
| código (m) postal | 邮编 | yóu biān |

| expedidor (m) | 发信人 | fā xìn rén |
| destinatario (m) | 收信人 | shōu xìn rén |

| nombre (m) | 名字 | míng zi |
| apellido (m) | 姓 | xìng |

tarifa (f)	费率	fèi lǜ
ordinario (adj)	普通	pǔ tōng
económico (adj)	经济的	jīng jì de

peso (m)	重量	zhòng liàng
pesar (~ una carta)	称重	chēng zhòng
sobre (m)	信封	xìn fēng
sello (m)	邮票	yóu piào

43. La banca

| banco (m) | 银行 | yín háng |
| sucursal (f) | 分支机构 | fēn zhī jī gòu |

| consultor (m) | 顾问 | gù wèn |
| gerente (m) | 主管人 | zhǔ guǎn rén |

cuenta (f)	账户	zhànghù
numero (m) de la cuenta	账号	zhàng hào
cuenta (f) corriente	活期帐户	huó qī zhànghù
cuenta (f) de ahorros	储蓄账户	chǔ xù zhànghù

abrir una cuenta	开立账户	kāilì zhànghù
cerrar la cuenta	关闭 帐户	guān bì zhànghù
ingresar en la cuenta	存入帐户	cúnrù zhànghù
sacar de la cuenta	提取	tí qǔ

depósito (m)	存款	cún kuǎn
hacer un depósito	存款	cún kuǎn
giro (m) bancario	汇款	huì kuǎn
hacer un giro	汇款	huì kuǎn

| suma (f) | 金额 | jīn é |
| ¿Cuánto? | 多少钱? | duōshao qián? |

| firma (f) (nombre) | 签名 | qiān míng |
| firmar (vt) | 签名 | qiān míng |

tarjeta (f) de crédito	信用卡	xìn yòng kǎ
código (m)	密码	mì mǎ
número (m) de tarjeta de crédito	信用卡号码	xìn yòng kǎ hào mǎ
cajero (m) automático	自动取款机	zì dòng qǔ kuǎn jī

cheque (m)	支票	zhī piào
sacar un cheque	开支票	kāi zhī piào
talonario (m)	支票本	zhīpiào běn

crédito (m)	贷款	dàikuǎn
pedir el crédito	借款	jiè kuǎn
obtener un crédito	取得贷款	qǔ dé dàikuǎn
conceder un crédito	贷款给 …	dàikuǎn gěi …
garantía (f)	保证	bǎo zhèng

44. El teléfono. Las conversaciones telefónicas

| teléfono (m) | 电话 | diàn huà |
| teléfono (m) móvil | 手机 | shǒu jī |

contestador (m)	答录机	dā lù jī
llamar, telefonear	打电话	dǎ diàn huà
llamada (f)	电话	diàn huà

marcar un número	拨号码	bō hào mǎ
¿Sí?, ¿Dígame?	喂!	wèi!
preguntar (vt)	问	wèn
responder (vi, vt)	接电话	jiē diàn huà

oír (vt)	听见	tīng jiàn
bien (adv)	好	hǎo
mal (adv)	不好	bù hǎo
ruidos (m pl)	干扰声	gān rǎo shēng

auricular (m)	听筒	tīng tǒng
descolgar (el teléfono)	接听	jiē tīng
colgar el auricular	挂断	guà duàn

ocupado (adj)	占线的	zhàn xiàn de
sonar (teléfono)	响	xiǎng
guía (f) de teléfonos	电话薄	diàn huà bù

local (adj)	本地的	běn dì de
de larga distancia	长途	cháng tú
internacional (adj)	国际的	guó jì de

45. El teléfono celular

teléfono (m) móvil	手机	shǒu jī
pantalla (f)	显示器	xiǎn shì qì
botón (m)	按钮	àn niǔ
tarjeta SIM (f)	SIM 卡	sim kǎ

pila (f)	电池	diàn chí
descargarse (vr)	没电	méi diàn
cargador (m)	充电器	chōng diàn qì

menú (m)	菜单	cài dān
preferencias (f pl)	设置	shè zhì
melodía (f)	曲调	qǔ diào
seleccionar (vt)	挑选	tiāo xuǎn

| calculadora (f) | 计算器 | jì suàn qì |
| contestador (m) | 答录机 | dā lù jī |

| despertador (m) | 闹钟 | nào zhōng |
| contactos (m pl) | 电话薄 | diàn huà bù |

| mensaje (m) de texto | 短信 | duǎn xìn |
| abonado (m) | 用户 | yòng hù |

46. Los artículos de escritorio. La papelería

bolígrafo (m)	圆珠笔	yuán zhū bǐ
pluma (f) estilográfica	钢笔	gāng bǐ
lápiz (m)	铅笔	qiān bǐ
marcador (m)	荧光笔	yíng guāng bǐ
rotulador (m)	水彩笔	shuǐ cǎi bǐ
bloc (m) de notas	记事簿	jì shì bù
agenda (f)	日记本	rì jì běn
regla (f)	直尺	zhí chǐ
calculadora (f)	计算器	jì suàn qì
goma (f) de borrar	橡皮擦	xiàng pí cā
chincheta (f)	图钉	tú dīng
clip (m)	回形针	huí xíng zhēn
cola (f), pegamento (m)	胶水	jiāo shuǐ
grapadora (f)	钉书机	dīng shū jī
perforador (m)	打孔机	dǎ kǒng jī
sacapuntas (m)	卷笔刀	juǎn bǐ dāo

47. Los idiomas extranjeros

lengua (f)	语言	yǔ yán
lengua (f) extranjera	外语	wài yǔ
estudiar (vt)	学习	xué xí
aprender (ingles, etc.)	学，学习	xué, xué xí
leer (vi, vt)	读	dú
hablar (vi, vt)	说	shuō
comprender (vt)	明白	míng bai
escribir (vt)	写	xiě
rápidamente (adv)	快	kuài
lentamente (adv)	慢慢地	màn màn de
con fluidez (adv)	流利	liú lì
reglas (f pl)	规则	guī zé
gramática (f)	语法	yǔ fǎ
vocabulario (m)	词汇	cí huì
fonética (f)	语音学	yǔ yīn xué
manual (m)	课本	kè běn
diccionario (m)	词典	cí diǎn
manual (m) autodidáctico	自学的书	zì xué de shū
guía (f) de conversación	短语手册	duǎn yǔ shǒu cè
casete (m)	磁带	cí dài

videocasete (f)	录像带	lù xiàng dài
disco compacto, CD (m)	光盘	guāng pán
DVD (m)	数字影碟	shù zì yǐng dié

alfabeto (m)	字母表	zì mǔ biǎo
deletrear (vt)	拼写	pīn xiě
pronunciación (f)	发音	fā yīn

acento (m)	口音	kǒu yin
con acento	带口音	dài kǒu yin
sin acento	没有口音	méiyǒu kǒuyin

| palabra (f) | 字，单词 | zì, dāncí |
| significado (m) | 意义 | yì yì |

cursos (m pl)	讲座	jiǎng zuò
inscribirse (vr)	报名	bào míng
profesor (m) (~ de inglés)	老师	lǎo shī

traducción (f) (proceso)	翻译	fān yì
traducción (f) (texto)	翻译	fān yì
traductor (m)	翻译，译者	fān yì, yì zhě
intérprete (m)	口译者	kǒu yì zhě
memoria (f)	记忆力	jì yì lì

LAS COMIDAS. EL RESTAURANTE

T&P Books Publishing

48. Los cubiertos

cuchara (f)	勺子	sháo zi
cuchillo (m)	刀，刀子	dāo, dāo zi
tenedor (m)	叉，餐叉	chā, cān chā
taza (f)	杯子	bēi zi
plato (m)	盘子	pán zi
platillo (m)	碟子	dié zi
servilleta (f)	餐巾	cān jīn
mondadientes (m)	牙签	yá qiān

49. El restaurante

restaurante (m)	饭馆	fàn guǎn
cafetería (f)	咖啡馆	kāfēi guǎn
bar (m)	酒吧	jiǔ bā
salón (m) de té	茶馆	chá guǎn
camarero (m)	服务员	fú wù yuán
camarera (f)	女服务员	nǚ fú wù yuán
barman (m)	酒保	jiǔ bǎo
carta (f), menú (m)	菜单	cài dān
carta (f) de vinos	酒单	jiǔ dān
reservar una mesa	订桌子	dìng zhuō zi
plato (m)	菜	cài
pedir (vt)	订菜	dìng cài
hacer un pedido	订菜	dìng cài
aperitivo (m)	开胃酒	kāi wèi jiǔ
entremés (m)	开胃菜	kāi wèi cài
postre (m)	甜点心	tián diǎn xīn
cuenta (f)	账单	zhàng dān
pagar la cuenta	付账	fù zhàng
dar la vuelta	找零钱	zhǎo líng qián
propina (f)	小费	xiǎo fèi

50. Las comidas

comida (f)	食物	shí wù
comer (vi, vt)	吃	chī

desayuno (m)	早饭	zǎo fàn
desayunar (vi)	吃早饭	chī zǎo fàn
almuerzo (m)	午饭	wǔ fàn
almorzar (vi)	吃午饭	chī wǔ fàn
cena (f)	晚餐	wǎn cān
cenar (vi)	吃晚饭	chī wǎn fàn
apetito (m)	胃口	wèi kǒu
¡Que aproveche!	请慢用！	qǐng màn yòng!
abrir (vt)	打开	dǎ kāi
derramar (líquido)	洒出	sǎ chū
derramarse (líquido)	洒出	sǎ chū
hervir (vi)	煮开	zhǔ kāi
hervir (vt)	烧开	shāo kāi
hervido (agua ~a)	煮开过的	zhǔ kāi guò de
enfriar (vt)	变凉	biàn liáng
enfriarse (vr)	变凉	biàn liáng
sabor (m)	味道	wèi dào
regusto (m)	回味，余味	huí wèi, yú wèi
adelgazar (vi)	减肥	jiǎn féi
dieta (f)	日常饮食	rì cháng yǐn shí
vitamina (f)	维生素	wéi shēng sù
caloría (f)	卡路里	kǎlùlǐ
vegetariano (m)	素食者	sù shí zhě
vegetariano (adj)	素的	sù de
grasas (f pl)	脂肪	zhī fáng
proteínas (f pl)	蛋白质	dàn bái zhì
carbohidratos (m pl)	碳水化合物	tàn shuǐ huà hé wù
loncha (f)	一片	yī piàn
pedazo (m)	一块	yī kuài
miga (f)	面包屑	miàn bāo xiè

51. Los platos

plato (m)	菜	cài
cocina (f)	菜肴	cài yáo
receta (f)	烹饪法	pēng rèn fǎ
porción (f)	一份	yī fèn
ensalada (f)	沙拉	shā lā
sopa (f)	汤	tāng
caldo (m)	清汤	qīng tāng
bocadillo (m)	三明治	sān míng zhì
huevos (m pl) fritos	煎蛋	jiān dàn

| hamburguesa (f) | 汉堡 | hàn bǎo |
| bistec (m) | 牛排 | niú pái |

guarnición (f)	配菜	pèi cài
espagueti (m)	意大利面条	yì dà lì miàn tiáo
puré (m) de patatas	土豆泥	tǔ dòu ní
pizza (f)	比萨饼	bǐ sà bǐng
gachas (f pl)	麦片粥	mài piàn zhōu
tortilla (f) francesa	鸡蛋饼	jīdàn bǐng

cocido en agua (adj)	煮熟的	zhǔ shóu de
ahumado (adj)	熏烤的	xūn kǎo de
frito (adj)	油煎的	yóu jiān de
seco (adj)	干的	gān de
congelado (adj)	冷冻的	lěng dòng de
marinado (adj)	醋渍的	cù zì de

azucarado, dulce (adj)	甜的	tián de
salado (adj)	咸的	xián de
frío (adj)	冷的	lěng de
caliente (adj)	烫的	tàng de
amargo (adj)	苦的	kǔ de
sabroso (adj)	美味的	měi wèi de

cocer en agua	做饭	zuò fàn
preparar (la cena)	做饭	zuò fàn
freír (vt)	油煎	yóu jiān
calentar (vt)	加热	jiā rè

salar (vt)	加盐	jiā yán
poner pimienta	加胡椒	jiā hú jiāo
rallar (vt)	磨碎	mò suì
piel (f)	皮	pí
pelar (vt)	剥皮	bāo pí

52. La comida

carne (f)	肉	ròu
gallina (f)	鸡肉	jī ròu
pollo (m)	小鸡	xiǎo jī
pato (m)	鸭子	yā zi
ganso (m)	鹅肉	é ròu
caza (f) menor	猎物	liè wù
pava (f)	火鸡	huǒ jī

carne (f) de cerdo	猪肉	zhū ròu
carne (f) de ternera	小牛肉	xiǎo niú ròu
carne (f) de carnero	羊肉	yáng ròu
carne (f) de vaca	牛肉	niú ròu
conejo (m)	兔肉	tù ròu

salchichón (m)	香肠	xiāng cháng
salchicha (f)	小灌肠	xiǎo guàn cháng
beicon (m)	腊肉	là ròu
jamón (m)	火腿	huǒ tuǐ
jamón (m) fresco	熏火腿	xūn huǒ tuǐ
paté (m)	鹅肝酱	é gān jiàng
hígado (m)	肝	gān
carne (f) picada	碎牛肉	suì niú ròu
lengua (f)	口条	kǒu tiáo
huevo (m)	鸡蛋	jī dàn
huevos (m pl)	鸡蛋	jī dàn
clara (f)	蛋白	dàn bái
yema (f)	蛋黄	dàn huáng
pescado (m)	鱼	yú
mariscos (m pl)	海鲜	hǎi xiān
caviar (m)	鱼子酱	yúzǐ jiàng
cangrejo (m) de mar	螃蟹	páng xiè
camarón (m)	虾，小虾	xiā, xiǎo xiā
ostra (f)	牡蛎	mǔ lì
langosta (f)	龙虾	lóng xiā
pulpo (m)	章鱼	zhāng yú
calamar (m)	鱿鱼	yóu yú
esturión (m)	鲟鱼	xú nyú
salmón (m)	鲑鱼	guī yú
fletán (m)	比目鱼	bǐ mù yú
bacalao (m)	鳕鱼	xuě yú
caballa (f)	鲭鱼	qīng yú
atún (m)	金枪鱼	jīn qiāng yú
anguila (f)	鳗鱼，鳝鱼	mán yú, shàn yú
trucha (f)	鳟鱼	zūn yú
sardina (f)	沙丁鱼	shā dīng yú
lucio (m)	狗鱼	gǒu yú
arenque (m)	鲱鱼	fēi yú
pan (m)	面包	miàn bāo
queso (m)	奶酪	nǎi lào
azúcar (m)	糖	táng
sal (f)	盐，食盐	yán, shí yán
arroz (m)	米	mǐ
macarrones (m pl)	通心粉	tōng xīn fěn
tallarines (m pl)	面条	miàn tiáo
mantequilla (f)	黄油	huáng yóu
aceite (m) vegetal	植物油	zhí wù yóu

aceite (m) de girasol	向日葵油	xiàng rì kuí yóu
margarina (f)	人造奶油	rénzào nǎi yóu
olivas, aceitunas (f pl)	橄榄	gǎn lǎn
aceite (m) de oliva	橄榄油	gǎn lǎn yóu
leche (f)	牛奶	niú nǎi
leche (f) condensada	炼乳	liàn rǔ
yogur (m)	酸奶	suān nǎi
nata (f) agria	酸奶油	suān nǎi yóu
nata (f) líquida	奶油	nǎi yóu
mayonesa (f)	蛋黄酱	dàn huáng jiàng
crema (f) de mantequilla	乳脂	rǔ zhī
cereales (m pl) integrales	谷粒	gǔ lì
harina (f)	面粉	miàn fěn
conservas (f pl)	罐头食品	guàn tou shí pǐn
copos (m pl) de maíz	玉米片	yù mǐ piàn
miel (f)	蜂蜜	fēng mì
confitura (f)	果冻	guǒ dòng
chicle (m)	口香糖	kǒu xiāng táng

53. Las bebidas

agua (f)	水	shuǐ
agua (f) potable	饮用水	yǐn yòng shuǐ
agua (f) mineral	矿泉水	kuàng quán shuǐ
sin gas	无气的	wú qì de
gaseoso (adj)	苏打 ···	sū dá ...
con gas	汽水	qì shuǐ
hielo (m)	冰	bīng
con hielo	加冰的	jiā bīng de
sin alcohol	不含酒精的	bù hán jiǔ jīng de
bebida (f) sin alcohol	软性饮料	ruǎn xìng yǐn liào
refresco (m)	清凉饮料	qīng liáng yǐn liào
limonada (f)	柠檬水	níng méng shuǐ
bebidas (f pl) alcohólicas	烈酒	liè jiǔ
licor (m)	甜酒	tián jiǔ
champaña (f)	香槟	xiāng bīn
vermú (m)	苦艾酒	kǔ ài jiǔ
whisky (m)	威士忌酒	wēi shì jì jiǔ
vodka (m)	伏特加	fú tè jiā
ginebra (f)	杜松子酒	dù sōng zǐ jiǔ
coñac (m)	法国白兰地	fǎguó báilándì

ron (m)	朗姆酒	lǎng mǔ jiǔ
café (m)	咖啡	kāfēi
café (m) solo	黑咖啡	hēi kāfēi
café (m) con leche	加牛奶的咖啡	jiāniúnǎide kāfēi
capuchino (m)	卡布奇诺	kǎ bù jī nuò
café (m) soluble	速溶咖啡	sùróng kāfēi
leche (f)	牛奶	niú nǎi
cóctel (m)	鸡尾酒	jī wěi jiǔ
batido (m)	奶昔	nǎi xī
zumo (m), jugo (m)	果汁	guǒzhī
jugo (m) de tomate	番茄汁	fān qié zhī
zumo (m) de naranja	橙子汁	chéng zi zhī
zumo (m) fresco	新鲜果汁	xīnxiān guǒzhī
cerveza (f)	啤酒	píjiǔ
cerveza (f) rubia	淡啤酒	dàn píjiǔ
cerveza (f) negra	黑啤酒	hēi píjiǔ
té (m)	茶	chá
té (m) negro	红茶	hóng chá
té (m) verde	绿茶	lǜ chá

54. Las verduras

legumbres (f pl)	蔬菜	shū cài
verduras (f pl)	青菜	qīng cài
tomate (m)	西红柿	xī hóng shì
pepino (m)	黄瓜	huáng guā
zanahoria (f)	胡萝卜	hú luó bo
patata (f)	土豆	tǔ dòu
cebolla (f)	洋葱	yáng cōng
ajo (m)	大蒜	dà suàn
col (f)	洋白菜	yáng bái cài
coliflor (f)	菜花	cài huā
col (f) de Bruselas	球芽甘蓝	qiú yá gān lán
brócoli (m)	西蓝花	xī lán huā
remolacha (f)	甜菜	tiáncài
berenjena (f)	茄子	qié zi
calabacín (m)	西葫芦	xī hú lu
calabaza (f)	南瓜	nán guā
nabo (m)	蔓菁	mán jing
perejil (m)	欧芹	ōu qín
eneldo (m)	莳萝	shì luó
lechuga (f)	生菜，莴苣	shēng cài, wō jù

apio (m)	芹菜	qín cài
espárrago (m)	芦笋	lú sǔn
espinaca (f)	菠菜	bō cài
guisante (m)	豌豆	wān dòu
habas (f pl)	豆子	dòu zi
maíz (m)	玉米	yù mǐ
fréjol (m)	四季豆	sì jì dòu
pimiento (m) dulce	胡椒，辣椒	hú jiāo, là jiāo
rábano (m)	水萝卜	shuǐ luó bo
alcachofa (f)	朝鲜蓟	cháo xiǎn jì

55. Las frutas. Las nueces

fruto (m)	水果	shuǐ guǒ
manzana (f)	苹果	píng guǒ
pera (f)	梨	lí
limón (m)	柠檬	níng méng
naranja (f)	橙子	chén zi
fresa (f)	草莓	cǎo méi
mandarina (f)	橘子	jú zi
ciruela (f)	李子	lǐ zi
melocotón (m)	桃子	táo zi
albaricoque (m)	杏子	xìng zi
frambuesa (f)	覆盆子	fù pén zi
piña (f)	菠萝	bō luó
banana (f)	香蕉	xiāng jiāo
sandía (f)	西瓜	xī guā
uva (f)	葡萄	pú tao
guinda (f)	樱桃	yīngtáo
cereza (f)	欧洲甜樱桃	oūzhōu tián yīngtáo
melón (m)	瓜，甜瓜	guā, tián guā
pomelo (m)	葡萄柚	pú tao yòu
aguacate (m)	鳄梨	è lí
papaya (f)	木瓜	mù guā
mango (m)	芒果	máng guǒ
granada (f)	石榴	shí liú
grosella (f) roja	红醋栗	hóng cù lì
grosella (f) negra	黑醋栗	hēi cù lì
grosella (f) espinosa	醋栗	cù lì
arándano (m)	越橘	yuè jú
zarzamoras (f pl)	黑莓	hēi méi
pasas (f pl)	葡萄干	pútao gān
higo (m)	无花果	wú huā guǒ

dátil (m)	海枣	hǎi zǎo
cacahuete (m)	花生	huā shēng
almendra (f)	杏仁	xìng rén
nuez (f)	核桃	hé tao
avellana (f)	榛子	zhēn zi
nuez (f) de coco	椰子	yē zi
pistachos (m pl)	开心果	kāi xīn guǒ

56. El pan. Los dulces

pasteles (m pl)	油酥面饼	yóu sū miàn bǐng
pan (m)	面包	miàn bāo
galletas (f pl)	饼干	bǐng gān
chocolate (m)	巧克力	qiǎo kè lì
de chocolate (adj)	巧克力的	qiǎo kè lì de
caramelo (m)	糖果	táng guǒ
tarta (f) (pequeña)	小蛋糕	xiǎo dàngāo
tarta (f) (~ de cumpleaños)	蛋糕	dàngāo
tarta (f) (~ de manzana)	大馅饼	dà xiàn bǐng
relleno (m)	馅	xiàn
confitura (f)	果酱	guǒ jiàng
mermelada (f)	酸果酱	suān guǒ jiàng
gofre (m)	华夫饼干	huá fū bǐng gān
helado (m)	冰淇淋	bǐng qí lín

57. Las especias

sal (f)	盐，食盐	yán, shí yán
salado (adj)	含盐的	hán yán de
salar (vt)	加盐	jiā yán
pimienta (f) negra	黑胡椒	hēi hú jiāo
pimienta (f) roja	红辣椒粉	hóng là jiāo fěn
mostaza (f)	芥末	jiè mo
rábano (m) picante	辣根汁	là gēn zhī
condimento (m)	调味品	diào wèi pǐn
especia (f)	香料	xiāng liào
salsa (f)	调味汁	tiáo wèi zhī
vinagre (m)	醋	cù
anís (m)	茴芹	huí qín
albahaca (f)	罗勒	luó lè
clavo (m)	丁香	dīng xiāng
jengibre (m)	姜	jiāng

cilantro (m)	芫荽	yuán suī
canela (f)	肉桂	ròu guì
sésamo (m)	芝麻	zhī ma
hoja (f) de laurel	月桂叶	yuè guì yè
paprika (f)	红甜椒粉	hóng tián jiāo fěn
comino (m)	葛缕子	gélǚ zi
azafrán (m)	番红花	fān hóng huā

LA INFORMACIÓN PERSONAL. LA FAMILIA

T&P Books Publishing

58. La información personal. Los formularios

nombre (m)	名字	míng zi
apellido (m)	姓	xìng
fecha (f) de nacimiento	出生日期	chū shēng rì qī
lugar (m) de nacimiento	出生地	chū shēng dì
nacionalidad (f)	国籍	guó jí
domicilio (m)	住所地	zhù suǒ dì
país (m)	国家	guó jiā
profesión (f)	职业	zhí yè
sexo (m)	性，性别	xìng, xìngbié
estatura (f)	身高	shēn gāo
peso (m)	重量	zhòng liàng

59. Los familiares. Los parientes

madre (f)	母亲	mǔ qīn
padre (m)	父亲	fù qīn
hijo (m)	儿子	ér zi
hija (f)	女儿	nǚ ér
hija (f) menor	最小的女儿	zuìxiǎode nǚ ér
hijo (m) menor	最小的儿子	zuìxiǎode ér zi
hija (f) mayor	最大的女儿	zuìdàde nǚér
hijo (m) mayor	最大的儿子	zuìdàde ér zi
hermano (m) mayor	哥哥	gēge
hermano (m) menor	弟弟	dìdi
hermana (f) mayor	姐姐	jiějie
hermana (f) menor	妹妹	mèi mei
primo (m)	堂兄弟，表兄弟	tángxiōngdì, biǎoxiōngdì
prima (f)	堂姊妹，表姊妹	tángzǐmèi, biǎozǐmèi
mamá (f)	妈妈	mā ma
papá (m)	爸爸	bàba
padres (pl)	父母	fù mǔ
niño -a (m, f)	孩子	hái zi
niños (pl)	孩子们	hái zi men
abuela (f)	姥姥	lǎo lao
abuelo (m)	爷爷	yé ye
nieto (m)	孙子	sūn zi

nieta (f)	孙女	sūn nǚ
nietos (pl)	孙子们	sūn zi men
tío (m)	姑爹	gū diē
tía (f)	姑妈	gū mā
sobrino (m)	侄子	zhí zi
sobrina (f)	侄女	zhí nǚ
suegra (f)	岳母	yuè mǔ
suegro (m)	公公	gōng gong
yerno (m)	女婿	nǚ xu
madrastra (f)	继母	jì mǔ
padrastro (m)	继父	jì fù
niño (m) de pecho	婴儿	yīng ér
bebé (m)	婴儿	yīng ér
chico (m)	小孩	xiǎo hái
mujer (f)	妻子	qī zi
marido (m)	老公	lǎo gōng
esposo (m)	配偶	pèi ǒu
esposa (f)	配偶	pèi ǒu
casado (adj)	结婚的	jié hūn de
casada (adj)	结婚的	jié hūn de
soltero (adj)	独身的	dú shēn de
soltero (m)	单身汉	dān shēn hàn
divorciado (adj)	离婚的	lí hūn de
viuda (f)	寡妇	guǎ fu
viudo (m)	鳏夫	guān fū
pariente (m)	亲戚	qīn qi
pariente (m) cercano	近亲	jìn qīn
pariente (m) lejano	远亲	yuǎn qīn
parientes (pl)	亲属	qīn shǔ
huérfano (m), huérfana (f)	孤儿	gū ér
tutor (m)	监护人	jiān hù rén
adoptar (un niño)	收养	shōu yǎng
adoptar (una niña)	收养	shōu yǎng

60. Los amigos. Los compañeros del trabajo

amigo (m)	朋友	péngyou
amiga (f)	女性朋友	nǚxìng péngyou
amistad (f)	友谊	yǒu yì
ser amigo	交朋友	jiāo péngyou
amigote (m)	朋友	péngyou
amiguete (f)	朋友	péngyou

compañero (m)	搭档	dā dàng
jefe (m)	老板	lǎo bǎn
propietario (m)	物主	wù zhǔ
subordinado (m)	下属	xià shǔ
colega (m, f)	同事	tóng shì
conocido (m)	熟人	shú rén
compañero (m) de viaje	旅伴	lǚ bàn
condiscípulo (m)	同学	tóng xué
vecino (m)	邻居	lín jū
vecina (f)	邻居	lín jū
vecinos (pl)	邻居们	lín jū men

EL CUERPO. LA MEDICINA

T&P Books Publishing

cabeza (f)	头	tóu
cara (f)	脸，面孔	liǎn, miàn kǒng
nariz (f)	鼻子	bí zi
boca (f)	口，嘴	kǒu, zuǐ
ojo (m)	眼	yǎn
ojos (m pl)	眼睛	yǎn jing
pupila (f)	瞳孔	tóng kǒng
ceja (f)	眉毛	méi mao
pestaña (f)	睫毛	jié máo
párpado (m)	眼皮	yǎn pí
lengua (f)	舌，舌头	shé, shé tou
diente (m)	牙，牙齿	yá, yá chǐ
labios (m pl)	唇	chún
pómulos (m pl)	颧骨	quán gǔ
encía (f)	齿龈	chǐ yín
paladar (m)	腭	è
ventanas (f pl)	鼻孔	bí kǒng
mentón (m)	颏	kē
mandíbula (f)	下颌	xià hé
mejilla (f)	脸颊	liǎn jiá
frente (f)	前额	qián é
sien (f)	太阳穴	tài yáng xué
oreja (f)	耳朵	ěr duo
nuca (f)	后脑勺儿	hòu nǎo sháo r
cuello (m)	颈	jǐng
garganta (f)	喉部	hóu bù
pelo, cabello (m)	头发	tóu fa
peinado (m)	发型	fà xíng
corte (m) de pelo	发式	fà shì
peluca (f)	假发	jiǎ fà
bigote (m)	胡子	hú zi
barba (f)	胡须	hú xū
tener (~ la barba)	蓄着	xù zhuó
trenza (f)	辫子	biàn zi
patillas (f pl)	鬓角	bìn jiǎo
pelirrojo (adj)	红发的	hóng fà de
gris, canoso (adj)	灰白的	huī bái de

calvo (adj)	秃头的	tū tóu de
calva (f)	秃头	tū tóu
cola (f) de caballo	马尾辫	mǎ wěi biàn
flequillo (m)	刘海	liú hǎi

62. El cuerpo

mano (f)	手	shǒu
brazo (m)	胳膊	gēbo
dedo (m)	手指	shǒu zhǐ
dedo (m) pulgar	拇指	mǔ zhǐ
dedo (m) meñique	小指	xiǎo zhǐ
uña (f)	指甲	zhǐ jia
puño (m)	拳	quán
palma (f)	手掌	shǒu zhǎng
muñeca (f)	腕	wàn
antebrazo (m)	前臂	qián bì
codo (m)	肘	zhǒu
hombro (m)	肩膀	jiān bǎng
pierna (f)	腿	tuǐ
planta (f)	脚，足	jiǎo, zú
rodilla (f)	膝，膝盖	xī, xī gài
pantorrilla (f)	小腿肚	xiǎo tuǐ dù
cadera (f)	臀部	tún bù
talón (m)	后跟	hòu gēn
cuerpo (m)	身体	shēntǐ
vientre (m)	腹，腹部	fù, fù bù
pecho (m)	胸	xiōng
seno (m)	乳房	rǔ fáng
lado (m), costado (m)	体侧	tǐ cè
espalda (f)	背	bèi
zona (f) lumbar	下背	xià bèi
cintura (f), talle (m)	腰	yāo
ombligo (m)	肚脐	dù qí
nalgas (f pl)	臀部，屁股	tún bù, pì gu
trasero (m)	屁股	pì gu
lunar (m)	痣	zhì
marca (f) de nacimiento	胎痣	tāi zhì
tatuaje (m)	文身	wén shēn
cicatriz (f)	疤	bā

63. Las enfermedades

enfermedad (f)	病	bìng
estar enfermo	生病	shēng bìng
salud (f)	健康	jiàn kāng
resfriado (m) (coriza)	流鼻涕	liú bí tì
angina (f)	扁桃体炎	biǎn táo tǐ yán
resfriado (m)	感冒	gǎn mào
resfriarse (vr)	感冒	gǎn mào
bronquitis (f)	支气管炎	zhī qì guǎn yán
pulmonía (f)	肺炎	fèi yán
gripe (f)	流感	liú gǎn
miope (adj)	近视的	jìn shì de
présbita (adj)	远视的	yuǎn shì de
estrabismo (m)	斜眼	xié yǎn
estrábico (m) (adj)	对眼的	duì yǎn de
catarata (f)	白内障	bái nèi zhàng
glaucoma (m)	青光眼	qīng guāng yǎn
insulto (m)	中风	zhòng fēng
ataque (m) cardiaco	梗塞	gěng sè
infarto (m) de miocardio	心肌梗塞	xīn jī gěng sè
parálisis (f)	麻痹	má bì
paralizar (vt)	使 … 麻痹	shǐ … má bì
alergia (f)	过敏	guò mǐn
asma (f)	哮喘	xiāo chuǎn
diabetes (f)	糖尿病	táng niào bìng
dolor (m) de muelas	牙痛	yá tòng
caries (f)	龋齿	qǔ chǐ
diarrea (f)	腹泻	fù xiè
estreñimiento (m)	便秘	biàn bì
molestia (f) estomacal	饮食失调	yǐn shí shī tiáo
envenenamiento (m)	食物中毒	shí wù zhòng dú
envenenarse (vr)	中毒	zhòng dú
artritis (f)	关节炎	guān jié yán
raquitismo (m)	佝偻病	kòu lóu bìng
reumatismo (m)	风湿	fēng shī
ateroesclerosis (f)	动脉粥样硬化	dòng mài zhōu yàng yìng huà
gastritis (f)	胃炎	wèi yán
apendicitis (f)	阑尾炎	lán wěi yán
colecistitis (f)	胆囊炎	dǎn nán gyán
úlcera (f)	溃疡	kuì yáng

sarampión (m)	麻疹	má zhěn
rubeola (f)	风疹	fēng zhěn
ictericia (f)	黄疸	huáng dǎn
hepatitis (f)	肝炎	gān yán
esquizofrenia (f)	精神分裂 症	jīngshen fēnliè zhèng
rabia (f) (hidrofobia)	狂犬病	kuáng quǎn bìng
neurosis (f)	神经症	shén jīng zhèng
conmoción (f) cerebral	脑震荡	nǎo zhèn dàng
cáncer (m)	癌症	ái zhèng
esclerosis (f)	硬化	yìng huà
esclerosis (m) múltiple	多发性硬化症	duō fā xìng yìng huà zhèng
alcoholismo (m)	酗酒	xù jiǔ
alcohólico (m)	酗酒者	xù jiǔ zhě
sífilis (f)	梅毒	méi dú
SIDA (m)	艾滋病	ài zī bìng
tumor (m)	肿瘤	zhǒng liú
fiebre (f)	发烧	fā shāo
malaria (f)	疟疾	nuè ji
gangrena (f)	坏疽	huài jū
mareo (m)	晕船	yùn chuán
epilepsia (f)	癫痫	diān xián
epidemia (f)	流行病	liú xíng bìng
tifus (m)	斑疹伤寒	bān zhěn shāng hán
tuberculosis (f)	结核病	jié hé bìng
cólera (f)	霍乱	huò luàn
peste (f)	瘟疫	wēn yì

64. Los síntomas. Los tratamientos. Unidad 1

síntoma (m)	症状	zhèng zhuàng
temperatura (f)	体温	tǐ wēn
fiebre (f)	发热	fā rè
pulso (m)	脉搏	mài bó
mareo (m) (vértigo)	眩晕	xuàn yùn
caliente (adj)	热	rè
escalofrío (m)	颤抖	chàn dǒu
pálido (adj)	苍白的	cāng bái de
tos (f)	咳嗽	ké sou
toser (vi)	咳，咳嗽	ké, ké sou
estornudar (vi)	打喷嚏	dǎ pēn tì
desmayo (m)	晕倒	yūn dǎo
desmayarse (vr)	晕倒	yūn dǎo

moradura (f)	青伤痕	qīng shāng hén
chichón (m)	包	bāo
golpearse (vr)	擦伤	cā shāng
magulladura (f)	擦伤	cā shāng
magullarse (vr)	瘀伤	yū shāng
cojear (vi)	跛行	bǒ xíng
dislocación (f)	脱位	tuō wèi
dislocar (vt)	使 … 脱位	shǐ ... tuō wèi
fractura (f)	骨折	gǔ zhé
tener una fractura	弄骨折	nòng gǔzhé
corte (m) (tajo)	伤口	shāng kǒu
cortarse (vr)	割破	gē pò
hemorragia (f)	流血	liú xuè
quemadura (f)	烧伤	shāo shāng
quemarse (vr)	烧伤	shāo shāng
pincharse (~ el dedo)	扎破	zhā pò
pincharse (vr)	扎伤	zhā shāng
herir (vt)	损伤	sǔn shāng
herida (f)	损伤	sǔn shāng
lesión (f) (herida)	伤口	shāng kǒu
trauma (m)	外伤	wài shāng
delirar (vi)	说胡话	shuō hú huà
tartamudear (vi)	口吃	kǒu chī
insolación (f)	中暑	zhòng shǔ

65. Los síntomas. Los tratamientos. Unidad 2

dolor (m)	痛	tòng
astilla (f)	木刺	mù cì
sudor (m)	汗	hàn
sudar (vi)	出汗	chū hàn
vómito (m)	呕吐	ǒu tù
convulsiones (f pl)	抽搐	chōu chù
embarazada (adj)	怀孕的	huái yùn de
nacer (vi)	出生	chū shēng
parto (m)	生产，分娩	shēngchǎn, fēnmiǎn
dar a luz	生，分娩	shēng, fēnmiǎn
aborto (m)	人工流产	rén gōng liú chǎn
respiración (f)	呼吸	hū xī
inspiración (f)	吸	xī
espiración (f)	呼气	hū qì
espirar (vi)	呼出	hū chū

inspirar (vi)	吸入	xī rù
inválido (m)	残疾人	cán jí rén
mutilado (m)	残疾人	cán jí rén
drogadicto (m)	吸毒者	xī dú zhě
sordo (adj)	聋的	lóng de
mudo (adj)	哑的	yǎ de
sordomudo (adj)	聋哑的	lóng yǎ de
loco (adj)	精神失常的	jīngshen shī cháng de
loco (m)	疯子	fēng zi
loca (f)	疯子	fēng zi
volverse loco	发疯	fā fēng
gen (m)	基因	jī yīn
inmunidad (f)	免疫力	miǎn yì lì
hereditario (adj)	遗传的	yí chuán de
de nacimiento (adj)	天生的	tiān shēng de
virus (m)	病毒	bìng dú
microbio (m)	微生物	wēi shēng wù
bacteria (f)	细菌	xì jūn
infección (f)	传染	chuán rǎn

66. Los síntomas. Los tratamientos. Unidad 3

hospital (m)	医院	yī yuàn
paciente (m)	病人	bìng rén
diagnosis (f)	诊断	zhěn duàn
cura (f)	治疗	zhì liáo
tratamiento (m)	治疗	zhì liáo
curarse (vr)	治病	zhì bìng
tratar (vt)	治疗	zhì liáo
cuidar (a un enfermo)	看护	kān hù
cuidados (m pl)	护理	hùlǐ
operación (f)	手术	shǒu shù
vendar (vt)	用绷带包扎	yòng bēngdài bāozā
vendaje (m)	绷带法	bēngdài fǎ
vacunación (f)	疫苗	yìmiáo
vacunar (vt)	给 … 接种疫苗	gěi … jiē zhòng yì miáo
inyección (f)	注射	zhù shè
aplicar una inyección	打针	dǎ zhēn
ataque (m)	发作	fāzuò
amputación (f)	截肢	jié zhī
amputar (vt)	截肢	jié zhī
coma (m)	昏迷	hūn mí

estar en coma	昏迷	hūn mí
revitalización (f)	重症监护室	zhòng zhēng jiàn hù shì
recuperarse (vr)	复原	fù yuán
estado (m) (de salud)	状态	zhuàng tài
consciencia (f)	知觉	zhī jué
memoria (f)	记忆力	jì yì lì
extraer (un diente)	拔牙	bá yá
empaste (m)	补牙	bǔ yá
empastar (vt)	补牙	bǔ yá
hipnosis (f)	催眠	cuī mián
hipnotizar (vt)	催眠	cuī mián

67. La medicina. Las drogas. Los accesorios

medicamento (m), droga (f)	药	yào
remedio (m)	药剂	yào jì
prescribir (vt)	开药方	kāi yào fāng
receta (f)	药方	yào fāng
tableta (f)	药片	yào piàn
ungüento (m)	药膏	yào gāo
ampolla (f)	安瓿	ān bù
mixtura (f), mezcla (f)	药水	yào shuǐ
sirope (m)	糖浆	táng jiāng
píldora (f)	药丸	yào wán
polvo (m)	药粉	yào fěn
venda (f)	绷带	bēngdài
algodón (m) (discos de ~)	药棉	yào mián
yodo (m)	碘酒	diǎn jiǔ
tirita (f), curita (f)	橡皮膏	xiàng pí gāo
pipeta (f)	滴管	dī guǎn
termómetro (m)	体温表	tǐ wēn biǎo
jeringa (f)	注射器	zhù shè qì
silla (f) de ruedas	轮椅	lú nyǐ
muletas (f pl)	拐杖	guǎi zhàng
anestésico (m)	止痛药	zhǐ tòng yào
purgante (m)	泻药	xiè yào
alcohol (m)	酒精	jiǔ jīng
hierba (f) medicinal	药草	yào cǎo
de hierbas (té ~)	草药的	cǎo yào de

EL APARTAMENTO

T&P Books Publishing

68. El apartamento

apartamento (m)	公寓	gōng yù
habitación (f)	房间	fáng jiān
dormitorio (m)	卧室	wòshì
comedor (m)	餐厅	cān tīng
salón (m)	客厅	kè tīng
despacho (m)	书房	shū fáng
antecámara (f)	入口空间	rù kǒu kōng jiān
cuarto (m) de baño	浴室	yù shì
servicio (m)	卫生间	wèi shēng jiān
techo (m)	天花板	tiān huā bǎn
suelo (m)	地板	dì bǎn
rincón (m)	墙角	qiáng jiǎo

69. Los muebles. El interior

muebles (m pl)	家具	jiā jù
mesa (f)	桌子	zhuō zi
silla (f)	椅子	yǐ zi
cama (f)	床	chuáng
sofá (m)	沙发	shā fā
sillón (m)	扶手椅	fú shǒu yǐ
librería (f)	书橱	shū chú
estante (m)	书架	shū jià
armario (m)	衣柜	yī guì
percha (f)	墙衣帽架	qiáng yī mào jià
perchero (m) de pie	衣帽架	yī mào jià
cómoda (f)	五斗柜	wǔ dǒu guì
mesa (f) de café	茶几	chá jī
espejo (m)	镜子	jìng zi
tapiz (m)	地毯	dìtǎn
alfombra (f)	小地毯	xiǎo dìtǎn
chimenea (f)	壁炉	bì lú
vela (f)	蜡烛	là zhú
candelero (m)	烛台	zhútái
cortinas (f pl)	窗帘	chuāng lián

| empapelado (m) | 墙纸 | qiáng zhǐ |
| estor (m) de láminas | 百叶窗 | bǎi yè chuāng |

lámpara (f) de mesa	台灯	tái dēng
aplique (m)	灯	dēng
lámpara (f) de pie	落地灯	luò dì dēng
lámpara (f) de araña	枝形吊灯	zhī xíng diào dēng

pata (f) (~ de la mesa)	腿	tuǐ
brazo (m)	扶手	fú shou
espaldar (m)	靠背	kào bèi
cajón (m)	抽屉	chōu tì

70. Los accesorios de cama

ropa (f) de cama	铺盖	pū gài
almohada (f)	枕头	zhěn tou
funda (f)	枕套	zhěn tào
manta (f)	羽绒被	yǔ róng bèi
sábana (f)	床单	chuáng dān
sobrecama (f)	床罩	chuáng zhào

71. La cocina

cocina (f)	厨房	chú fáng
gas (m)	煤气	méi qì
cocina (f) de gas	煤气炉	méi qì lú
cocina (f) eléctrica	电炉	diàn lú
horno (m)	烤箱	kǎo xiāng
horno (m) microondas	微波炉	wēi bō lú

frigorífico (m)	冰箱	bīng xiāng
congelador (m)	冷冻室	lěng dòng shì
lavavajillas (m)	洗碗机	xǐ wǎn jī

picadora (f) de carne	绞肉机	jiǎo ròu jī
exprimidor (m)	榨汁机	zhà zhī jī
tostador (m)	烤面包机	kǎo miàn bāo jī
batidora (f)	搅拌机	jiǎo bàn jī

cafetera (f) (aparato de cocina)	咖啡机	kāfēi jī
cafetera (f) (para servir)	咖啡壶	kāfēi hú
molinillo (m) de café	咖啡研磨器	kāfēi yánmóqì

hervidor (m) de agua	开水壶	kāi shuǐ hú
tetera (f)	茶壶	chá hú
tapa (f)	盖子	gài zi

colador (m) de té	滤茶器	lǜ chá qì
cuchara (f)	匙子	chá zi
cucharilla (f)	茶匙	chá chí
cuchara (f) de sopa	汤匙	tāng chí
tenedor (m)	叉，餐叉	chā, cān chā
cuchillo (m)	刀，刀子	dāo, dāo zi

vajilla (f)	餐具	cān jù
plato (m)	盘子	pán zi
platillo (m)	碟子	dié zi

vaso (m) de chupito	小酒杯	xiǎo jiǔ bēi
vaso (m) (~ de agua)	杯子	bēi zi
taza (f)	杯子	bēi zi

azucarera (f)	糖碗	táng wǎn
salero (m)	盐瓶	yán píng
pimentero (m)	胡椒瓶	hú jiāo píng
mantequera (f)	黄油碟	huáng yóu dié

cacerola (f)	炖锅	dùn guō
sartén (f)	煎锅	jiān guō
cucharón (m)	长柄勺	cháng bǐng sháo
colador (m)	漏勺	lòu sháo
bandeja (f)	托盘	tuō pán

botella (f)	瓶子	píng zi
tarro (m) de vidrio	玻璃罐	bōli guàn
lata (f)	罐头	guàn tou

abrebotellas (m)	瓶起子	píng qǐ zi
abrelatas (m)	开罐器	kāi guàn qì
sacacorchos (m)	螺旋 拔塞器	luóxuán básāiqì
filtro (m)	滤器	lǜ qì
filtrar (vt)	过滤	guò lǜ

| basura (f) | 垃圾 | lā jī |
| cubo (m) de basura | 垃圾桶 | lā jī tǒng |

72. El baño

cuarto (m) de baño	浴室	yù shì
agua (f)	水	shuǐ
grifo (m)	水龙头	shuǐ lóng tóu
agua (f) caliente	热水	rè shuǐ
agua (f) fría	冷水	lěng shuǐ

pasta (f) de dientes	牙膏	yá gāo
limpiarse los dientes	刷牙	shuā yá
afeitarse (vr)	剃须	tì xū

| espuma (f) de afeitar | 剃须泡沫 | tì xū pào mò |
| maquinilla (f) de afeitar | 剃须刀 | tì xū dāo |

lavar (vt)	洗	xǐ
darse un baño	洗澡	xǐ zǎo
ducha (f)	淋浴	lín yù
darse una ducha	洗淋浴	xǐ lín yù

bañera (f)	浴缸	yù gāng
inodoro (m)	抽水马桶	chōu shuǐ mǎ tǒng
lavabo (m)	水槽	shuǐ cáo

| jabón (m) | 肥皂 | féi zào |
| jabonera (f) | 肥皂盒 | féi zào hé |

esponja (f)	清洁绵	qīng jié mián
champú (m)	洗发液	xǐ fā yè
toalla (f)	毛巾，浴巾	máo jīn, yù jīn
bata (f) de baño	浴衣	yù yī

colada (f), lavado (m)	洗衣	xǐ yī
lavadora (f)	洗衣机	xǐ yī jī
lavar la ropa	洗衣服	xǐ yī fu
detergente (m) en polvo	洗衣粉	xǐ yī fěn

73. Los aparatos domésticos

televisor (m)	电视机	diàn shì jī
magnetófono (m)	录音机	lù yīn jī
vídeo (m)	录像机	lù xiàng jī
radio (m)	收音机	shōu yīn jī
reproductor (m) (~ MP3)	播放器	bō fàng qì

proyector (m) de vídeo	投影器	tóu yǐng qì
sistema (m) home cinema	家庭影院系统	jiā tíng yǐng yuàn xì tǒng
reproductor (m) de DVD	DVD 播放机	diwidi bōfàngjī
amplificador (m)	放大器	fàng dà qì
videoconsola (f)	电子游戏机	diànzǐ yóuxìjī

cámara (f) de vídeo	摄像机	shè xiàng jī
cámara (f) fotográfica	照相机	zhào xiàng jī
cámara (f) digital	数码相机	shù mǎ xiàng jī

aspirador (m), aspiradora (f)	吸尘器	xī chén qì
plancha (f)	熨斗	yùn dǒu
tabla (f) de planchar	熨衣板	yùn yī bǎn

teléfono (m)	电话	diàn huà
teléfono (m) móvil	手机	shǒu jī
máquina (f) de escribir	打字机	dǎ zì jī

máquina (f) de coser	缝纫机	féng rèn jī
micrófono (m)	话筒	huà tǒng
auriculares (m pl)	耳机	ěr jī
mando (m) a distancia	遥控器	yáo kòng qì
CD (m)	光盘	guāng pán
casete (m)	磁带	cí dài
disco (m) de vinilo	唱片	chàng piàn

LA TIERRA. EL TIEMPO

T&P Books Publishing

cosmos (m)	宇宙	yǔ zhòu
espacial, cósmico (adj)	宇宙的，太空	yǔ zhòu de, tài kōng
espacio (m) cósmico	外层空间	wài céng kōng jiān
mundo (m), universo (m)	宇宙	yǔ zhòu
galaxia (f)	银河系	yín hé xì
estrella (f)	星，恒星	xīng, héng xīng
constelación (f)	星座	xīng zuò
planeta (m)	行星	xíng xīng
satélite (m)	卫星	wèi xīng
meteorito (m)	陨石	yǔn shí
cometa (m)	彗星	huì xīng
asteroide (m)	小行星	xiǎo xíng xīng
órbita (f)	轨道	guǐ dào
girar (vi)	公转	gōng zhuàn
atmósfera (f)	大气层	dà qì céng
Sol (m)	太阳	tài yáng
sistema (m) solar	太阳系	tài yáng xì
eclipse (m) de Sol	日食	rì shí
Tierra (f)	地球	dì qiú
Luna (f)	月球	yuè qiú
Marte (m)	火星	huǒ xīng
Venus (f)	金星	jīn xīng
Júpiter (m)	木星	mù xīng
Saturno (m)	土星	tǔ xīng
Mercurio (m)	水星	shuǐ xīng
Urano (m)	天王星	tiān wáng xīng
Neptuno (m)	海王星	hǎi wáng xīng
Plutón (m)	冥王星	míng wáng xīng
la Vía Láctea	银河	yín hé
la Osa Mayor	大熊座	dà xióng zuò
la Estrella Polar	北极星	běi jí xīng
marciano (m)	火星人	huǒ xīng rén
extraterrestre (m)	外星人	wài xīng rén
planetícola (m)	外星人	wài xīng rén

platillo (m) volante	飞碟	fēi dié
nave (f) espacial	宇宙飞船	yǔ zhòu fēi chuán
estación (f) orbital	宇宙空间站	yǔ zhòu kōng jiān zhàn
despegue (m)	发射	fā shè
motor (m)	发动机	fā dòng jī
tobera (f)	喷嘴	pēn zuǐ
combustible (m)	燃料	rán liào
carlinga (f)	座舱	zuò cāng
antena (f)	天线	tiān xiàn
ventana (f)	舷窗	xián chuāng
batería (f) solar	太阳能电池	tàiyáng néng diànchí
escafandra (f)	太空服	tài kōng fú
ingravidez (f)	失重	shī zhòng
oxígeno (m)	氧气	yǎng qì
atraque (m)	对接	duì jiē
realizar el atraque	对接	duì jiē
observatorio (m)	天文台	tiānwén tái
telescopio (m)	天文望远镜	tiānwén wàngyuǎnjìng
observar (vt)	观察到	guān chá dào
explorar (~ el universo)	探索	tàn suǒ

75. La tierra

Tierra (f)	地球	dì qiú
globo (m) terrestre	地球	dì qiú
planeta (m)	行星	xíng xīng
atmósfera (f)	大气层	dà qì céng
geografía (f)	地理学	dì lǐ xué
naturaleza (f)	自然界	zì rán jiè
globo (m) terráqueo	地球仪	dì qiú yí
mapa (m)	地图	dì tú
atlas (m)	地图册	dì tú cè
Europa (f)	欧洲	oūzhōu
Asia (f)	亚洲	yàzhōu
África (f)	非洲	fēizhōu
Australia (f)	澳洲	àozhōu
América (f)	美洲	měizhōu
América (f) del Norte	北美洲	běiměizhōu
América (f) del Sur	南美洲	nánměizhōu
Antártida (f)	南极洲	nánjízhōu
Ártico (m)	北极地区	běijídìqū

76. Los puntos cardinales

norte (m)	北方	běi fāng
al norte	朝北	cháo běi
en el norte	在北方	zài běi fāng
del norte (adj)	北方的	běi fāng de
sur (m)	南方	nán fāng
al sur	朝南	cháo nán
en el sur	在南方	zài nán fāng
del sur (adj)	南方的	nán fāng de
oeste (m)	西方	xī fāng
al oeste	朝西	cháo xī
en el oeste	在西方	zài xī fāng
del oeste (adj)	西方的	xī fāng de
este (m)	东方	dōng fāng
al este	朝东	cháo dōng
en el este	在东方	zài dōng fāng
del este (adj)	东方的	dōng fāng de

77. El mar. El océano

mar (m)	海，大海	hǎi, dà hǎi
océano (m)	海洋，大海	hǎi yáng, dà hǎi
golfo (m)	海湾	hǎi wān
estrecho (m)	海峡	hǎi xiá
tierra (f) firme	陆地	lù dì
continente (m)	大陆，洲	dà lù, zhōu
isla (f)	岛，海岛	dǎo, hǎi dǎo
península (f)	半岛	bàn dǎo
archipiélago (m)	群岛	qún dǎo
bahía (f)	海湾	hǎi wān
ensenada, bahía (f)	港口	gǎng kǒu
laguna (f)	泻湖	xiè hú
cabo (m)	海角	hǎi jiǎo
atolón (m)	环状珊瑚岛	huánzhuàng shānhúdǎo
arrecife (m)	礁	jiāo
coral (m)	珊瑚	shān hú
arrecife (m) de coral	珊瑚礁	shān hú jiāo
profundo (adj)	深的	shēn de
profundidad (f)	深度	shēn dù
abismo (m)	深渊	shēn yuān
fosa (f) oceánica	海沟	hǎi gōu

corriente (f)	水流	shuǐ liú
bañar (rodear)	环绕	huán rào
orilla (f)	岸	àn
costa (f)	海岸，海滨	hǎi àn, hǎi bīn
flujo (m)	高潮	gāo cháo
reflujo (m)	落潮	luò cháo
banco (m) de arena	沙洲	shā zhōu
fondo (m)	海底	hǎi dǐ
ola (f)	波浪	bō làng
cresta (f) de la ola	浪峰	làng fēng
espuma (f)	泡沫	pào mò
tempestad (f)	风暴	fēng bào
huracán (m)	飓风	jù fēng
tsunami (m)	海啸	hǎi xiào
bonanza (f)	风平浪静	fēng píng làng jìng
calmo, tranquilo	平静的	píng jìng de
polo (m)	北极	běi jí
polar (adj)	北极的	běi jí de
latitud (f)	纬度	wěi dù
longitud (f)	经度	jīng dù
paralelo (m)	纬线	wěi xiàn
ecuador (m)	赤道	chì dào
cielo (m)	天	tiān
horizonte (m)	地平线	dì píng xiàn
aire (m)	空气	kōng qì
faro (m)	灯塔	dēng tǎ
bucear (vi)	跳水	tiào shuǐ
hundirse (vr)	沉没	chén mò
tesoros (m pl)	宝物	bǎo wù

78. Los nombres de los mares y los océanos

océano (m) Atlántico	大西洋	dà xī yáng
océano (m) Índico	印度洋	yìn dù yáng
océano (m) Pacífico	太平洋	tài píng yáng
océano (m) Glacial Ártico	北冰洋	běi bīng yáng
mar (m) Negro	黑海	hēi hǎi
mar (m) Rojo	红海	hóng hǎi
mar (m) Amarillo	黄海	huáng hǎi
mar (m) Blanco	白海	bái hǎi
mar (m) Caspio	里海	lǐ hǎi

mar (m) Muerto	死海	sǐ hǎi
mar (m) Mediterráneo	地中海	dìzhōng hǎi
mar (m) Egeo	爱琴海	àiqín hǎi
mar (m) Adriático	亚得里亚海	yàdélǐyà hǎi
mar (m) Arábigo	阿拉伯海	ālābó hǎi
mar (m) del Japón	日本海	rìběn hǎi
mar (m) de Bering	白令海	báilìng hǎi
mar (m) de la China Meridional	南海	nán hǎi
mar (m) del Coral	珊瑚海	shānhú hǎi
mar (m) de Tasmania	塔斯曼海	tǎsīmàn hǎi
mar (m) Caribe	加勒比海	jiālèbǐ hǎi
mar (m) de Barents	巴伦支海	bālúnzhī hǎi
mar (m) de Kara	喀拉海	kālā hǎi
mar (m) del Norte	北海	běi hǎi
mar (m) Báltico	波罗的海	bōluódì hǎi
mar (m) de Noruega	挪威海	nuówēi hǎi

79. Las montañas

montaña (f)	山	shān
cadena (f) de montañas	山脉	shān mài
cresta (f) de montañas	山脊	shān jǐ
cima (f)	山顶	shān dǐng
pico (m)	山峰	shān fēng
pie (m)	山脚	shān jiǎo
cuesta (f)	山坡	shān pō
volcán (m)	火山	huǒ shān
volcán (m) activo	活火山	huó huǒ shān
volcán (m) apagado	死火山	sǐ huǒ shān
erupción (f)	喷发	pèn fā
cráter (m)	火山口	huǒ shān kǒu
magma (m)	岩浆	yán jiāng
lava (f)	熔岩	róng yán
fundido (lava ~a)	炽热的	chì rè de
cañón (m)	峡谷	xiá gǔ
desfiladero (m)	峡谷	xiá gǔ
grieta (f)	裂罅	liè xià
puerto (m) (paso)	山口	shān kǒu
meseta (f)	高原	gāo yuán

roca (f)	悬崖	xuán yá
colina (f)	小山	xiǎo shān
glaciar (m)	冰川，冰河	bīng chuān, bīng hé
cascada (f)	瀑布	pù bù
geiser (m)	间歇泉	jiàn xiē quán
lago (m)	湖	hú
llanura (f)	平原	píng yuán
paisaje (m)	风景	fēng jǐng
eco (m)	回声	huí shēng
alpinista (m)	登山家	dēng shān jiā
escalador (m)	攀岩者	pān yán zhě
conquistar (vt)	征服	zhēng fú
ascensión (f)	登山	dēng shān

80. Los nombres de las montañas

Alpes (m pl)	阿尔卑斯	āěrbēisī
Montblanc (m)	勃朗峰	bólǎngfēng
Pirineos (m pl)	比利牛斯	bǐlìniúsī
Cárpatos (m pl)	喀尔巴阡	kāerbāqiān
Urales (m pl)	乌拉尔山脉	wūlāěr shānmài
Cáucaso (m)	高加索	gāojiāsuǒ
Elbrus (m)	厄尔布鲁士山	èěrbùlǔshìshān
Altai (m)	阿尔泰	āěrtài
Tian-Shan (m)	天山	tiānshān
Pamir (m)	帕米尔高原	pàmǐěr gāoyuán
Himalayos (m pl)	喜马拉雅山	xǐmǎlāyǎ shān
Everest (m)	珠穆朗玛峰	zhūmùlǎngmǎfēng
Andes (m pl)	安第斯	āndìsī
Kilimanjaro (m)	乞力马扎罗	qǐlìmǎzháluó

81. Los ríos

río (m)	河，江	hé, jiāng
manantial (m)	泉，泉水	quán, quán shuǐ
lecho (m) (curso de agua)	河床	hé chuáng
cuenca (f) fluvial	流域	liú yù
desembocar en ...	流入	liú rù
afluente (m)	支流	zhī liú
ribera (f)	岸	àn
corriente (f)	水流	shuǐ liú

río abajo (adv)	顺流而下	shùn liú ér xià
río arriba (adv)	溯流而上	sù liú ér shàng
inundación (f)	洪水	hóng shuǐ
riada (f)	水灾	shuǐ zāi
desbordarse (vr)	溢出	yì chū
inundar (vt)	淹没	yān mò
bajo (m) arenoso	浅水	qiǎn shuǐ
rápido (m)	急流	jí liú
presa (f)	坝，堤坝	bà, dī bà
canal (m)	运河	yùn hé
lago (m) artificiale	水库	shuǐ kù
esclusa (f)	水闸	shuǐ zhá
cuerpo (m) de agua	水体	shuǐ tǐ
pantano (m)	沼泽	zhǎo zé
ciénaga (f)	烂泥塘	làn ní táng
remolino (m)	漩涡	xuàn wō
arroyo (m)	小溪	xiǎo xī
potable (adj)	饮用的	yǐn yòng de
dulce (agua ~)	淡水的	dàn shuǐ de
hielo (m)	冰	bīng
helarse (el lago, etc.)	封冻	fēng dòng

82. Los nombres de los ríos

Sena (m)	塞纳河	sènà hé
Loira (m)	卢瓦尔河	lúwǎěr hé
Támesis (m)	泰晤士河	tàiwùshì hé
Rin (m)	莱茵河	láiyīn hé
Danubio (m)	多瑙河	duōnǎo hé
Volga (m)	伏尔加河	fúěrjiā hé
Don (m)	顿河	dùn hé
Lena (m)	勒拿河	lèná hé
Río (m) Amarillo	黄河	huáng hé
Río (m) Azul	长江	chángjiāng
Mekong (m)	湄公河	méigōng hé
Ganges (m)	恒河	héng hé
Nilo (m)	尼罗河	níluó hé
Congo (m)	刚果河	gāngguǒ hé
Okavango (m)	奥卡万戈河	àokǎwàngē hé
Zambeze (m)	赞比亚河	zànbǐyà hé

Limpopo (m)	林波波河	línbōbō hé
Misisipi (m)	密西西比河	mìxīxībǐ hé

83. El bosque

bosque (m)	森林，树林	sēn lín, shù lín
de bosque (adj)	树林的	shù lín de
espesura (f)	密林	mì lín
bosquecillo (m)	小树林	xiǎo shù lín
claro (m)	林中草地	lín zhōng cǎo dì
maleza (f)	灌木丛	guàn mù cóng
matorral (m)	灌木林	guàn mù lín
senda (f)	小道	xiǎo dào
barranco (m)	冲沟	chōng gōu
árbol (m)	树，乔木	shù, qiáo mù
hoja (f)	叶子	yè zi
follaje (m)	树叶	shù yè
caída (f) de hojas	落叶	luò yè
caer (las hojas)	凋落	diāo luò
cima (f)	树梢	shù shāo
rama (f)	树枝	shù zhī
rama (f) (gruesa)	粗树枝	cū shù zhī
brote (m)	芽	yá
aguja (f)	针叶	zhēn yè
piña (f)	球果	qiú guǒ
agujero (m)	树洞	shù dòng
nido (m)	鸟窝	niǎo wō
tronco (m)	树干	shù gàn
raíz (f)	树根	shù gēn
corteza (f)	树皮	shùpí
musgo (m)	苔藓	tái xiǎn
extirpar (vt)	根除	gēn chú
talar (vt)	砍倒	kǎn dǎo
deforestar (vt)	砍伐森林	kǎn fá sēn lín
tocón (m)	树桩	shù zhuāng
hoguera (f)	篝火	gōu huǒ
incendio (m) forestal	森林火灾	sēn lín huǒ zāi
apagar (~ el incendio)	扑灭	pū miè
guarda (m) forestal	护林员	hù lín yuán
protección (f)	保护	bǎo hù

proteger (vt)	保护	bǎo hù
cazador (m) furtivo	偷猎者	tōu liè zhě
cepo (m)	陷阱	xiàn jǐng
recoger (setas, bayas)	采集	cǎi jí
perderse (vr)	迷路	mí lù

84. Los recursos naturales

recursos (m pl) naturales	自然资源	zìrán zī yuán
recursos (m pl) subterráneos	矿物	kuàng wù
depósitos (m pl)	矿层	kuàng céng
yacimiento (m)	矿田	kuàng tián
extraer (vt)	开采	kāi cǎi
extracción (f)	采矿业	cǎi kuàng yè
mena (f)	矿石	kuàng shí
mina (f)	矿，矿山	kuàng, kuàng shān
pozo (m) de mina	矿井	kuàng jǐng
minero (m)	矿工	kuàng gōng
gas (m)	煤气	méi qì
gasoducto (m)	煤气管道	méi qì guǎn dào
petróleo (m)	石油	shí yóu
oleoducto (m)	油管	yóu guǎn
pozo (m) de petróleo	石油钻塔	shí yóu zuān tǎ
torre (f) de sondeo	钻油塔	zuān yóu tǎ
petrolero (m)	油船，油轮	yóu chuán, yóu lún
arena (f)	沙，沙子	shā, shā zi
caliza (f)	石灰石	shí huī shí
grava (f)	砾石	lì shí
turba (f)	泥煤	ní méi
arcilla (f)	粘土	nián tǔ
carbón (m)	煤	méi
hierro (m)	铁	tiě
oro (m)	黄金	huáng jīn
plata (f)	银	yín
níquel (m)	镍	niè
cobre (m)	铜	tóng
zinc (m)	锌	xīn
manganeso (m)	锰	měng
mercurio (m)	水银	shuǐ yín
plomo (m)	铅	qiān
mineral (m)	矿物	kuàng wù
cristal (m)	结晶	jié jīng

| mármol (m) | 大理石 | dà lǐ shí |
| uranio (m) | 铀 | yóu |

85. El tiempo

tiempo (m)	天气	tiān qì
previsión (f) del tiempo	气象预报	qìxiàng yùbào
temperatura (f)	温度	wēn dù
termómetro (m)	温度表	wēn dù biǎo
barómetro (m)	气压表	qì yā biǎo
humedad (f)	空气湿度	kōng qì shī dù
bochorno (m)	炎热	yán rè
tórrido (adj)	热的	rè de
hace mucho calor	天气热	tiān qì rè
hace calor (templado)	天气暖	tiān qì nuǎn
templado (adj)	暖和的	nuǎn huo de
hace frío	天气冷	tiān qì lěng
frío (adj)	冷的	lěng de
sol (m)	太阳	tài yáng
brillar (vi)	发光	fā guāng
soleado (un día ~)	阳光充足的	yáng guāng chōng zú de
elevarse (el sol)	升起	shēng qǐ
ponerse (vr)	落山	luò shān
nube (f)	云	yún
nuboso (adj)	多云的	duō yún de
nubarrón (m)	乌云	wū yún
nublado (adj)	阴沉的	yīn chén de
lluvia (f)	雨	yǔ
está lloviendo	下雨	xià yǔ
lluvioso (adj)	雨 … , 多雨的	yǔ …, duō yǔ de
lloviznar (vi)	下毛毛雨	xià máo máo yǔ
aguacero (m)	倾盆大雨	qīng pén dà yǔ
chaparrón (m)	暴雨	bào yǔ
fuerte (la lluvia ~)	大 …	dà …
charco (m)	水洼	shuǐ wā
mojarse (vr)	淋湿	lín shī
niebla (f)	雾气	wù qì
nebuloso (adj)	多雾的	duō wù de
nieve (f)	雪	xuě
está nevando	下雪	xià xuě

86. Los eventos climáticos severos. Los desastres naturales

tormenta (f)	大雷雨	dà léi yǔ
relámpago (m)	闪电	shǎn diàn
relampaguear (vi)	闪光	shǎn guāng
trueno (m)	雷，雷声	léi, léi shēng
tronar (vi)	打雷	dǎ léi
está tronando	打雷	dǎ léi
granizo (m)	雹子	báo zi
está granizando	下冰雹	xià bīng báo
inundar (vt)	淹没	yān mò
inundación (f)	洪水	hóng shuǐ
terremoto (m)	地震	dì zhèn
sacudida (f)	震动	zhèn dòng
epicentro (m)	震中	zhèn zhōng
erupción (f)	喷发	pèn fā
lava (f)	熔岩	róng yán
torbellino (m)	旋风	xuànfēng
tornado (m)	龙卷风	lóng juàn fēng
tifón (m)	台风	tái fēng
huracán (m)	飓风	jù fēng
tempestad (f)	风暴	fēng bào
tsunami (m)	海啸	hǎi xiào
ciclón (m)	气旋	qì xuán
mal tiempo (m)	恶劣天气	è liè tiān qì
incendio (m)	火灾	huǒ zāi
catástrofe (f)	灾难	zāi nàn
meteorito (m)	陨石	yǔn shí
avalancha (f)	雪崩	xuě bēng
alud (m) de nieve	雪崩	xuě bēng
ventisca (f)	暴风雪	bào fēng xuě
nevasca (f)	暴风雪	bào fēng xuě

T&P BOOKS

LA FAUNA

T&P Books Publishing

87. Los mamíferos. Los predadores

carnívoro (m)	捕食者	bǔ shí zhě
tigre (m)	老虎	lǎo hǔ
león (m)	狮子	shī zi
lobo (m)	狼	láng
zorro (m)	狐狸	húli
jaguar (m)	美洲豹	měi zhōu bào
leopardo (m)	豹	bào
guepardo (m)	猎豹	liè bào
pantera (f)	豹	bào
puma (f)	美洲狮	měi zhōu shī
leopardo (m) de las nieves	雪豹	xuě bào
lince (m)	猞猁	shē lì
coyote (m)	丛林狼	cóng lín láng
chacal (m)	豺	chái
hiena (f)	鬣狗	liè gǒu

88. Los animales salvajes

animal (m)	动物	dòng wù
bestia (f)	兽	shòu
ardilla (f)	松鼠	sōng shǔ
erizo (m)	刺猬	cì wei
liebre (f)	野兔	yě tù
conejo (m)	家兔	jiā tù
tejón (m)	獾	huān
mapache (m)	浣熊	huàn xióng
hámster (m)	仓鼠	cāng shǔ
marmota (f)	土拨鼠	tǔ bō shǔ
topo (m)	鼹鼠	yǎn shǔ
ratón (m)	老鼠	lǎo shǔ
rata (f)	大家鼠	dà jiā shǔ
murciélago (m)	蝙蝠	biān fú
armiño (m)	白鼬	bái yòu
cebellina (f)	黑貂	hēi diāo
marta (f)	貂	diāo

comadreja (f)	银鼠	yín shǔ
visón (m)	水貂	shuǐ diāo
castor (m)	海狸	hǎi lí
nutria (f)	水獭	shuǐ tǎ
caballo (m)	马	mǎ
alce (m)	驼鹿	tuó lù
ciervo (m)	鹿	lù
camello (m)	骆驼	luò tuo
bisonte (m)	美洲野牛	měizhōu yěniú
uro (m)	欧洲野牛	oūzhōu yěniú
búfalo (m)	水牛	shuǐ niú
cebra (f)	斑马	bān mǎ
antílope (m)	羚羊	líng yáng
corzo (m)	狍子	páo zi
gamo (m)	扁角鹿	biǎn jiǎo lù
gamuza (f)	岩羚羊	yán líng yáng
jabalí (m)	野猪	yě zhū
ballena (f)	鲸	jīng
foca (f)	海豹	hǎi bào
morsa (f)	海象	hǎi xiàng
oso (m) marino	海狗	hǎi gǒu
delfín (m)	海豚	hǎi tún
oso (m)	熊	xióng
oso (m) blanco	北极熊	běi jí xióng
panda (f)	熊猫	xióng māo
mono (m)	猴子	hóu zi
chimpancé (m)	黑猩猩	hēi xīng xing
orangután (m)	猩猩	xīng xing
gorila (m)	大猩猩	dà xīng xing
macaco (m)	猕猴	mí hóu
gibón (m)	长臂猿	cháng bì yuán
elefante (m)	象	xiàng
rinoceronte (m)	犀牛	xī niú
jirafa (f)	长颈鹿	cháng jǐng lù
hipopótamo (m)	河马	hé mǎ
canguro (m)	袋鼠	dài shǔ
koala (f)	树袋熊	shù dài xióng
mangosta (f)	猫鼬	māo yòu
chinchilla (f)	毛丝鼠	máo sī shǔ
mofeta (f)	臭鼬	chòu yòu
espín (m)	箭猪	jiàn zhū

89. Los animales domésticos

gata (f)	母猫	mǔ māo
gato (m)	雄猫	xióng māo
caballo (m)	马	mǎ
garañón (m)	公马	gōng mǎ
yegua (f)	母马	mǔ mǎ
vaca (f)	母牛	mǔ niú
toro (m)	公牛	gōng niú
buey (m)	阉牛	yān niú
oveja (f)	羊，绵羊	yáng, mián yáng
carnero (m)	公绵羊	gōng mián yáng
cabra (f)	山羊	shān yáng
cabrón (m)	公山羊	gōng shān yáng
asno (m)	驴	lǘ
mulo (m)	骡子	luó zi
cerdo (m)	猪	zhū
cerdito (m)	小猪	xiǎo zhū
conejo (m)	家兔	jiā tù
gallina (f)	母鸡	mǔ jī
gallo (m)	公鸡	gōng jī
pato (m)	鸭子	yā zi
ánade (m)	公鸭子	gōng yā zi
ganso (m)	鹅	é
pavo (m)	雄火鸡	xióng huǒ jī
pava (f)	火鸡	huǒ jī
animales (m pl) domésticos	家畜	jiā chù
domesticado (adj)	驯化的	xùn huà de
domesticar (vt)	驯化	xùn huà
criar (vt)	饲养	sì yǎng
granja (f)	农场	nóng chǎng
aves (f pl) de corral	家禽	jiā qín
ganado (m)	牲畜	shēng chù
rebaño (m)	群	qún
caballeriza (f)	马厩	mǎ jiù
porqueriza (f)	猪圈	zhū jiàn
vaquería (f)	牛棚	niú péng
conejal (m)	兔舍	tù shè
gallinero (m)	鸡窝	jī wō

90. Los pájaros

pájaro (m)	鸟	niǎo
paloma (f)	鸽子	gē zi
gorrión (m)	麻雀	má què
carbonero (m)	山雀	shān què
urraca (f)	喜鹊	xǐ què
cuervo (m)	渡鸦	dù yā
corneja (f)	乌鸦	wū yā
chova (f)	穴鸟	xué niǎo
grajo (m)	秃鼻乌鸦	tū bí wū yā
pato (m)	鸭子	yā zi
ganso (m)	鹅	é
faisán (m)	野鸡	yě jī
águila (f)	鹰	yīng
azor (m)	鹰，隼	yīng, sǔn
halcón (m)	隼，猎鹰	sǔn, liè yīng
buitre (m)	秃鹫	tū jiù
cóndor (m)	神鹰	shén yīng
cisne (m)	天鹅	tiān é
grulla (f)	鹤	hè
cigüeña (f)	鹳	guàn
loro (m), papagayo (m)	鹦鹉	yīng wǔ
colibrí (m)	蜂鸟	fēng niǎo
pavo (m) real	孔雀	kǒng què
avestruz (m)	鸵鸟	tuó niǎo
garza (f)	鹭	lù
flamenco (m)	火烈鸟	huǒ liè niǎo
pelícano (m)	鹈鹕	tí hú
ruiseñor (m)	夜莺	yè yīng
golondrina (f)	燕子	yàn zi
tordo (m)	田鸫	tián dōng
zorzal (m)	歌鸫	gē jiū
mirlo (m)	乌鸫	wū dōng
vencejo (m)	雨燕	yǔ yàn
alondra (f)	云雀	yún què
codorniz (f)	鹌鹑	ān chún
pájaro carpintero (m)	啄木鸟	zhuó mù niǎo
cuco (m)	布谷鸟	bù gǔ niǎo
lechuza (f)	猫头鹰	māo tóu yīng
búho (m)	雕号鸟	diāo hào niǎo

urogallo (m)	松鸡	sōng jī
gallo lira (m)	黑琴鸡	hēi qín jī
perdiz (f)	山鹑	shān chún

estornino (m)	椋鸟	liáng niǎo
canario (m)	金丝雀	jīn sī què
ortega (f)	花尾榛鸡	huā yǐ qín jī
pinzón (m)	苍头燕雀	cāng tóu yàn què
camachuelo (m)	红腹灰雀	hóng fù huī què

gaviota (f)	海鸥	hǎi ōu
albatros (m)	信天翁	xìn tiān wēng
pingüino (m)	企鹅	qǐ é

91. Los peces. Los animales marinos

brema (f)	鳊鱼	biān yú
carpa (f)	鲤鱼	lǐyú
perca (f)	鲈鱼	lú yú
siluro (m)	鲶鱼	nián yú
lucio (m)	狗鱼	gǒu yú

| salmón (m) | 鲑鱼 | guī yú |
| esturión (m) | 鲟鱼 | xú nyú |

arenque (m)	鲱鱼	fēi yú
salmón (m) del Atlántico	大西洋鲑	dà xī yáng guī
caballa (f)	鲭鱼	qīng yú
lenguado (m)	比目鱼	bǐ mù yú

lucioperca (f)	白梭吻鲈	bái suō wěn lú
bacalao (m)	鳕鱼	xuě yú
atún (m)	金枪鱼	jīn qiāng yú
trucha (f)	鳟鱼	zūn yú

anguila (f)	鳗鱼，鳝鱼	mán yú, shàn yú
raya (f) eléctrica	电鳐目	diàn yáo mù
morena (f)	海鳝	hǎi shàn
piraña (f)	食人鱼	shí rén yú

tiburón (m)	鲨鱼	shā yú
delfín (m)	海豚	hǎi tún
ballena (f)	鲸	jīng

centolla (f)	螃蟹	páng xiè
medusa (f)	海蜇	hǎi zhē
pulpo (m)	章鱼	zhāng yú

| estrella (f) de mar | 海星 | hǎi xīng |
| erizo (m) de mar | 海胆 | hǎi dǎn |

caballito (m) de mar	海马	hǎi mǎ
ostra (f)	牡蛎	mǔ lì
camarón (m)	虾，小虾	xiā, xiǎo xiā
bogavante (m)	鳌龙虾	áo lóng xiā
langosta (f)	龙虾科	lóng xiā kē

92. Los anfibios. Los reptiles

serpiente (f)	蛇	shé
venenoso (adj)	有毒的	yǒu dú de
víbora (f)	蝮蛇	fù shé
cobra (f)	眼镜蛇	yǎn jìng shé
pitón (m)	蟒蛇	mǎng shé
boa (f)	大蟒蛇	dà mǎng shé
culebra (f)	水游蛇	shuǐ yóu shé
serpiente (m) de cascabel	响尾蛇	xiǎng wěi shé
anaconda (f)	森蚺	sēn rán
lagarto (m)	蜥蜴	xī yì
iguana (f)	鬣鳞蜥	liè lín xī
varano (m)	巨蜥	jù xī
salamandra (f)	蝾螈	róng yuán
camaleón (m)	变色龙	biàn sè lóng
escorpión (m)	蝎子	xiē zi
tortuga (f)	龟	guī
rana (f)	青蛙	qīng wā
sapo (m)	蟾蜍	chán chú
cocodrilo (m)	鳄鱼	è yú

93. Los insectos

insecto (m)	昆虫	kūn chóng
mariposa (f)	蝴蝶	hú dié
hormiga (f)	蚂蚁	mǎ yǐ
mosca (f)	苍蝇	cāng ying
mosquito (m) (picadura de ~)	蚊子	wén zi
escarabajo (m)	甲虫	jiǎ chóng
avispa (f)	黄蜂	huáng fēng
abeja (f)	蜜蜂	mì fēng
abejorro (m)	熊蜂	xióng fēng
moscardón (m)	牛虻	niú méng
araña (f)	蜘蛛	zhī zhū
telaraña (f)	蜘蛛网	zhī zhū wǎng

libélula (f)	蜻蜓	qīng tíng
saltamontes (m)	蝗虫	huáng chóng
mariposa (f) nocturna	蛾	é
cucaracha (f)	蟑螂	zhāng láng
garrapata (f)	壁虱	bì shī
pulga (f)	跳蚤	tiào zao
mosca (f) negra	蠓	měng
langosta (f)	蝗虫	huáng chóng
caracol (m)	蜗牛	wō niú
grillo (m)	蟋蟀	xī shuài
luciérnaga (f)	萤火虫	yíng huǒ chóng
mariquita (f)	瓢虫	piáo chóng
sanjuanero (m)	大傈鳃角金龟	dà lì sāi jiǎo jīn guī
sanguijuela (f)	水蛭	shuǐ zhì
oruga (f)	毛虫	máo chóng
lombriz (m) de tierra	虫，蠕虫	chóng, rú chóng
larva (f)	幼虫	yòu chóng

LA FLORA

T&P Books Publishing

árbol (m)	树，乔木	shù, qiáo mù
foliáceo (adj)	每年落叶的	měi nián luò yè de
conífero (adj)	针叶树	zhēn yè shù
de hoja perenne	常绿树	cháng lǜ shù
manzano (m)	苹果树	píngguǒ shù
peral (m)	梨树	lí shù
cerezo (m)	欧洲甜樱桃树	oūzhōu tián yīngtáo shù
guindo (m)	樱桃树	yīngtáo shù
ciruelo (m)	李树	lǐ shù
abedul (m)	白桦，桦树	bái huà, huà shù
roble (m)	橡树	xiàng shù
tilo (m)	椴树	duàn shù
pobo (m)	山杨	shān yáng
arce (m)	枫树	fēng shù
pícea (f)	枞树，杉树	cōng shù, shān shù
pino (m)	松树	sōng shù
alerce (m)	落叶松	luò yè sōng
abeto (m)	冷杉	lěng shān
cedro (m)	雪松	xuě sōng
álamo (m)	杨	yáng
serbal (m)	花楸	huā qiū
sauce (m)	柳树	liǔ shù
aliso (m)	赤杨	chì yáng
haya (f)	山毛榉	shān máo jǔ
olmo (m)	榆树	yú shù
fresno (m)	白腊树	bái là shù
castaño (m)	栗树	lì shù
magnolia (f)	木兰	mù lán
palmera (f)	棕榈树	zōng lǘ shù
ciprés (m)	柏树	bǎi shù
baobab (m)	猴面包树	hóu miàn bāo shù
eucalipto (m)	桉树	ān shù
secoya (f)	红杉	hóng shān

95. Los arbustos

mata (f)	灌木	guàn mù
arbusto (m)	灌木	guàn mù
vid (f)	葡萄	pú tao
viñedo (m)	葡萄园	pú táo yuán
frambueso (m)	悬钩栗	xuán gōu lì
grosellero (m) rojo	红醋栗	hóng cù lì
grosellero (m) espinoso	醋栗	cù lì
acacia (f)	金合欢	jīn hé huān
berberís (m)	小檗	xiǎo bò
jazmín (m)	茉莉	mò li
enebro (m)	刺柏	cì bǎi
rosal (m)	玫瑰丛	méi guī cóng
escaramujo (m)	犬蔷薇	quǎn qiáng wēi

96. Las frutas. Las bayas

manzana (f)	苹果	píng guǒ
pera (f)	梨	lí
ciruela (f)	李子	lǐ zi
fresa (f)	草莓	cǎo méi
guinda (f)	樱桃	yīngtáo
cereza (f)	欧洲甜樱桃	ōuzhōu tián yīngtáo
uva (f)	葡萄	pú tao
frambuesa (f)	覆盆子	fù pén zi
grosella (f) negra	黑醋栗	hēi cù lì
grosella (f) roja	红醋栗	hóng cù lì
grosella (f) espinosa	醋栗	cù lì
arándano (m) agrio	小红莓	xiǎo hóng méi
naranja (f)	橙子	chén zi
mandarina (f)	橘子	jú zi
piña (f)	菠萝	bō luó
banana (f)	香蕉	xiāng jiāo
dátil (m)	海枣	hǎi zǎo
limón (m)	柠檬	níng méng
albaricoque (m)	杏子	xìng zi
melocotón (m)	桃子	táo zi
kiwi (m)	猕猴桃	mí hóu táo
toronja (f)	葡萄柚	pú tao yòu
baya (f)	浆果	jiāng guǒ

bayas (f pl)	浆果	jiāng guǒ
arándano (m) rojo	越橘	yuè jú
fresa (f) silvestre	草莓	cǎo méi
arándano (m)	越橘	yuè jú

97. Las flores. Las plantas

| flor (f) | 花 | huā |
| ramo (m) de flores | 花束 | huā shù |

rosa (f)	玫瑰	méi guī
tulipán (m)	郁金香	yù jīn xiāng
clavel (m)	康乃馨	kāng nǎi xīn
gladiolo (m)	唐菖蒲	táng chāng pú

aciano (m)	矢车菊	shǐ chē jú
campanilla (f)	风铃草	fēng líng cǎo
diente (m) de león	蒲公英	pú gōng yīng
manzanilla (f)	甘菊	gān jú

áloe (m)	芦荟	lúhuì
cacto (m)	仙人掌	xiān rén zhǎng
ficus (m)	橡胶树	xiàng jiāo shù

azucena (f)	百合花	bǎi hé huā
geranio (m)	天竺葵	tiān zhú kuí
jacinto (m)	风信子	fēng xìn zǐ

mimosa (f)	含羞草	hán xiū cǎo
narciso (m)	水仙	shuǐ xiān
capuchina (f)	旱金莲	hàn jīn lián

orquídea (f)	兰花	lán huā
peonía (f)	芍药	sháo yao
violeta (f)	紫罗兰	zǐ luó lán

trinitaria (f)	三色堇	sān sè jǐn
nomeolvides (f)	勿忘草	wù wàng cǎo
margarita (f)	雏菊	chú jú

amapola (f)	罂粟	yīng sù
cáñamo (m)	大麻	dà má
menta (f)	薄河	bó hé

| muguete (m) | 铃兰 | líng lán |
| campanilla (f) de las nieves | 雪花莲 | xuě huā lián |

ortiga (f)	荨麻	qián má
acedera (f)	酸模	suān mó
nenúfar (m)	睡莲	shuì lián

helecho (m)	蕨	jué
liquen (m)	地衣	dì yī
invernadero (m) tropical	温室	wēn shì
césped (m)	草坪	cǎo píng
macizo (m) de flores	花坛，花圃	huā tán, huā pǔ
planta (f)	植物	zhí wù
hierba (f)	草	cǎo
hoja (f) de hierba	叶片	yè piàn
hoja (f)	叶子	yè zi
pétalo (m)	花瓣	huā bàn
tallo (m)	茎	jīng
tubérculo (m)	块茎	kuài jīng
retoño (m)	芽	yá
espina (f)	刺	cì
florecer (vi)	开花	kāi huā
marchitarse (vr)	枯萎	kū wěi
olor (m)	香味	xiāng wèi
cortar (vt)	切	qiē
coger (una flor)	采，摘	cǎi, zhāi

98. Los cereales, los granos

grano (m)	谷物	gǔ wù
cereales (m pl) (plantas)	谷类作物	gǔ lèi zuò wù
espiga (f)	穗	suì
trigo (m)	小麦	xiǎo mài
centeno (m)	黑麦	hēi mài
avena (f)	燕麦	yàn mài
mijo (m)	粟，小米	sù, xiǎo mǐ
cebada (f)	大麦	dàmài
maíz (m)	玉米	yù mǐ
arroz (m)	稻米	dào mǐ
alforfón (m)	荞麦	qiáo mài
guisante (m)	豌豆	wān dòu
fréjol (m)	四季豆	sì jì dòu
soya (f)	黄豆	huáng dòu
lenteja (f)	兵豆	bīng dòu
habas (f pl)	豆子	dòu zi

LOS PAÍSES

T&P Books Publishing

Afganistán (m)	阿富汗	āfùhàn
Albania (f)	阿尔巴尼亚	āěrbāníyà
Alemania (f)	德国	dé guó
Arabia (f) Saudita	沙特阿拉伯	shātè ālābó
Argentina (f)	阿根廷	āgēntíng
Armenia (f)	亚美尼亚	yàměiníyà
Australia (f)	澳大利亚	àodàlìyà
Austria (f)	奥地利	aòdìlì
Azerbaiyán (m)	阿塞拜疆	āsàibàijiāng
Bangladesh (m)	孟加拉国	mèngjiālāguó
Bélgica (f)	比利时	bǐlìshí
Bielorrusia (f)	白俄罗斯	báiéluósī
Bolivia (f)	玻利维亚	bōlìwéiyà
Bosnia y Herzegovina	波斯尼亚和黑塞哥维那	bōsīníyà hé hēisègēwéinà
Brasil (m)	巴西	bāxī
Bulgaria (f)	保加利亚	bǎojiālìyà
Camboya (f)	柬埔寨	jiǎnpǔzhài
Canadá (f)	加拿大	jiānádà
Chequia (f)	捷克共和国	jiékè gònghéguó
Chile (m)	智利	zhìlì
China (f)	中国	zhōngguó
Chipre (m)	塞浦路斯	sàipǔlùsī
Colombia (f)	哥伦比亚	gēlúnbǐyà
Corea (f) del Norte	北朝鲜	běicháoxiǎn
Corea (f) del Sur	韩国	hánguó
Croacia (f)	克罗地亚	kèluódìyà
Cuba (f)	古巴	gǔbā
Dinamarca (f)	丹麦	dānmài
Ecuador (m)	厄瓜多尔	èguāduōěr
Egipto (m)	埃及	āijí
Emiratos (m pl) Árabes Unidos	阿联酋	āliánqiú
Escocia (f)	苏格兰	sūgélán
Eslovaquia (f)	斯洛伐克	sīluòfákè
Eslovenia (f)	斯洛文尼亚	sīluòwénníyà
España (f)	西班牙	xībānyá
Estados Unidos de América	美国	měiguó
Estonia (f)	爱沙尼亚	àishāníyà
Finlandia (f)	芬兰	fēnlán
Francia (f)	法国	fǎguó

100. Los países. Unidad 2

Georgia (f)	格鲁吉亚	gélǔjíyà
Ghana (f)	加纳	jiā nà
Gran Bretaña (f)	大不列颠	dàbùlièdiān
Grecia (f)	希腊	xīlà
Haití (m)	海地	hǎidì
Hungría (f)	匈牙利	xiōngyálì
India (f)	印度	yìndù
Indonesia (f)	印度尼西亚	yìndùníxīyà
Inglaterra (f)	英国	yīngguó
Irak (m)	伊拉克	yīlākè
Irán (m)	伊朗	yīlǎng
Irlanda (f)	爱尔兰	aiěrlán
Islandia (f)	冰岛	bīngdǎo
Islas (f pl) Bahamas	巴哈马群岛	bāhāmǎ qúndǎo
Israel (m)	以色列	yǐsèliè
Italia (f)	意大利	yìdàlì
Jamaica (f)	牙买加	yámǎijiā
Japón (m)	日本	rìběn
Jordania (f)	约旦	yuēdàn
Kazajstán (m)	哈萨克斯坦	hāsàkèsītǎn
Kenia (f)	肯尼亚	kěn ní yà
Kirguizistán (m)	吉尔吉斯	jíěrjísī
Kuwait (m)	科威特	kēwēitè
Laos (m)	老挝	lǎowō
Letonia (f)	拉脱维亚	lātuōwéiyà
Líbano (m)	黎巴嫩	líbānèn
Libia (f)	利比亚	lìbǐyà
Liechtenstein (m)	列支敦士登	lièzhīdūnshìdēng
Lituania (f)	立陶宛	lìtáowǎn
Luxemburgo (m)	卢森堡	lúsēnbǎo
Macedonia	马其顿	mǎqídùn
Madagascar (m)	马达加斯加	mǎdájiāsījiā
Malasia (f)	马来西亚	mǎláixīyà
Malta (f)	马耳他	mǎěrtā
Marruecos (m)	摩洛哥	móluògē
Méjico (m)	墨西哥	mòxīgē
Moldavia (f)	摩尔多瓦	móěrduōwǎ
Mónaco (m)	摩纳哥	mónàgē
Mongolia (f)	蒙古	ménggǔ
Montenegro (m)	黑山	hēishān
Myanmar (m)	缅甸	miǎndiàn

101. Los países. Unidad 3

Namibia (f)	纳米比亚	nàmǐbǐyà
Nepal (m)	尼泊尔	níbó'ěr
Noruega (f)	挪威	nuówēi
Nueva Zelanda (f)	新西兰	xīnxīlán
Países Bajos (m pl)	荷兰	hélán
Pakistán (m)	巴基斯坦	bājīsītǎn
Palestina (f)	巴勒斯坦	bālèsītǎn
Panamá (f)	巴拿马	bānámǎ
Paraguay (m)	巴拉圭	bālāguī
Perú (m)	秘鲁	bìlǔ
Polinesia (f) Francesa	法属波利尼西亚	fǎshǔ bōlìníxīyà
Polonia (f)	波兰	bōlán
Portugal (m)	葡萄牙	pútáoyá
República (f) Dominicana	多米尼加共和国	duōmǐníjiāgònghéguó
República (f) Sudafricana	南非	nánfēi
Rumania (f)	罗马尼亚	luómǎníyà
Rusia (f)	俄罗斯	éluósī
Senegal (m)	塞内加尔	sàinèijiā'ěr
Serbia (f)	塞尔维亚	sāiěrwéiyà
Siria (f)	叙利亚	xùlìyà
Suecia (f)	瑞典	ruìdiǎn
Suiza (f)	瑞士	ruìshì
Surinam (m)	苏里南	sūlǐnán
Tayikistán (m)	塔吉克斯坦	tǎjíkèsītǎn
Tailandia (f)	泰国	tàiguó
Taiwán (m)	台湾	táiwān
Tanzania (f)	坦桑尼亚	tǎnsāngníyà
Tasmania (f)	塔斯马尼亚	tǎsīmǎníyà
Túnez (m)	突尼斯	tūnísī
Turkmenistán (m)	土库曼斯坦	tǔkùmànsītǎn
Turquía (f)	土耳其	tǔěrqí
Ucrania (f)	乌克兰	wūkèlán
Uruguay (m)	乌拉圭	wūlāguī
Uzbekistán (m)	乌兹别克斯坦	wūzībiékèsītǎn
Vaticano (m)	梵蒂冈	fàndìgāng
Venezuela (f)	委内瑞拉	wěinèiruìlā
Vietnam (m)	越南	yuènán
Zanzíbar (m)	桑给巴尔	sāngjǐbā'ěr

GLOSARIO GASTRONÓMICO

Esta sección contiene una
gran cantidad de palabras y
términos asociados con la
comida. Este diccionario le hará
más fácil la comprensión
del menú de un restaurante y
la elección del plato adecuado

T&P Books Publishing

¡Que aproveche!	请慢用！	qǐng màn yòng!
abrebotellas (m)	瓶起子	píng qǐ zi
abrelatas (m)	开罐器	kāi guàn qì
aceite (m) de girasol	向日葵油	xiàng rì kuí yóu
aceite (m) de oliva	橄榄油	gǎn lǎn yóu
aceite (m) vegetal	植物油	zhí wù yóu
agua (f)	水	shuǐ
agua (f) mineral	矿泉水	kuàng quán shuǐ
agua (f) potable	饮用水	yǐn yòng shuǐ
aguacate (m)	鳄梨	è lí
ahumado (adj)	熏烤的	xūn kǎo de
ajo (m)	大蒜	dà suàn
albahaca (f)	罗勒	luó lè
albaricoque (m)	杏子	xìng zi
alcachofa (f)	朝鲜蓟	cháo xiǎn jì
alforfón (m)	荞麦	qiáo mài
almendra (f)	杏仁	xìng rén
almuerzo (m)	午饭	wǔ fàn
amargo (adj)	苦的	kǔ de
anís (m)	茴芹	huí qín
anguila (f)	鳗鱼，鳝鱼	mán yú, shàn yú
aperitivo (m)	开胃酒	kāi wèi jiǔ
apetito (m)	胃口	wèi kǒu
apio (m)	芹菜	qín cài
arándano (m)	越橘	yuè jú
arándano (m) agrio	小红莓	xiǎo hóng méi
arándano (m) rojo	越橘	yuè jú
arenque (m)	鲱鱼	fēi yú
arroz (m)	米	mǐ
atún (m)	金枪鱼	jīn qiāng yú
avellana (f)	榛子	zhēn zi
avena (f)	燕麦	yàn mài
azúcar (m)	糖	táng
azafrán (m)	番红花	fān hóng huā
azucarado, dulce (adj)	甜的	tián de
bacalao (m)	鳕鱼	xuě yú
banana (f)	香蕉	xiāng jiāo
bar (m)	酒吧	jiǔ bā
barman (m)	酒保	jiǔ bǎo
batido (m)	奶昔	nǎi xī
baya (f)	浆果	jiāng guǒ
bayas (f pl)	浆果	jiāng guǒ
bebida (f) sin alcohol	软性饮料	ruǎn xìng yǐn liào
bebidas (f pl) alcohólicas	烈酒	liè jiǔ

beicon (m)	腊肉	là ròu
berenjena (f)	茄子	qié zi
bistec (m)	牛排	niú pái
bocadillo (m)	三明治	sān míng zhì
boleto (m) áspero	褐疣柄牛肝菌	hè yóu bǐng niú gān jūn
boleto (m) castaño	橙盖牛肝菌	chéng gài niú gān jūn
brócoli (m)	西蓝花	xī lán huā
brema (f)	鳊鱼	biān yú
cóctel (m)	鸡尾酒	jī wěi jiǔ
caballa (f)	鲭鱼	qīng yú
cacahuete (m)	花生	huā shēng
café (m)	咖啡	kāfēi
café (m) con leche	加牛奶的咖啡	jiāniúnǎide kāfēi
café (m) solo	黑咖啡	hēi kāfēi
café (m) soluble	速溶咖啡	sùróng kāfēi
calabacín (m)	西葫芦	xī hú lu
calabaza (f)	南瓜	nán guā
calamar (m)	鱿鱼	yóu yú
caldo (m)	清汤	qīng tāng
caliente (adj)	烫的	tàng de
caloría (f)	卡路里	kǎlùlǐ
camarón (m)	虾，小虾	xiā, xiǎo xiā
camarera (f)	女服务员	nǔ fú wù yuán
camarero (m)	服务员	fú wù yuán
canela (f)	肉桂	ròu guì
cangrejo (m) de mar	螃蟹	páng xiè
capuchino (m)	卡布奇诺	kǎ bù jī nuò
caramelo (m)	糖果	táng guǒ
carbohidratos (m pl)	碳水化合物	tàn shuǐ huà hé wù
carne (f)	肉	ròu
carne (f) de carnero	羊肉	yáng ròu
carne (f) de cerdo	猪肉	zhū ròu
carne (f) de ternera	小牛肉	xiǎo niú ròu
carne (f) de vaca	牛肉	niú ròu
carne (f) picada	碎牛肉	suì niú ròu
carpa (f)	鲤鱼	lǐyú
carta (f) de vinos	酒单	jiǔ dān
carta (f), menú (m)	菜单	cài dān
caviar (m)	鱼子酱	yúzǐ jiàng
caza (f) menor	猎物	liè wù
cebada (f)	大麦	dàmài
cebolla (f)	洋葱	yáng cōng
cena (f)	晚餐	wǎn cān
centeno (m)	黑麦	hēi mài
cereales (m pl)	谷类作物	gǔ lèi zuò wù
cereales (m pl) integrales	谷粒	gǔ lì
cereza (f)	欧洲甜樱桃	oūzhōu tián yīngtáo
cerveza (f)	啤酒	píjiǔ
cerveza (f) negra	黑啤酒	hēi píjiǔ
cerveza (f) rubia	淡啤酒	dàn píjiǔ
champaña (f)	香槟	xiāng bīn
chicle (m)	口香糖	kǒu xiāng táng

chocolate (m)	巧克力	qiǎo kè lì
cilantro (m)	芫荽	yuán suī
ciruela (f)	李子	lǐ zi
clara (f)	蛋白	dàn bái
clavo (m)	丁香	dīng xiāng
coñac (m)	法国白兰地	fǎguó báilándì
cocido en agua (adj)	煮熟的	zhǔ shóu de
cocina (f)	菜肴	cài yáo
col (f)	洋白菜	yáng bái cài
col (f) de Bruselas	球芽甘蓝	qiú yá gān lán
coliflor (f)	菜花	cài huā
colmenilla (f)	羊肚菌	yáng dǔ jùn
comida (f)	食物	shí wù
comino (m)	葛缕子	gélǚ zi
con gas	汽水	qì shuǐ
con hielo	加冰的	jiā bīng de
condimento (m)	调味品	diào wèi pǐn
conejo (m)	兔肉	tù ròu
confitura (f)	果冻	guǒ dòng
confitura (f)	果酱	guǒ jiàng
congelado (adj)	冷冻的	lěng dòng de
conservas (f pl)	罐头食品	guàn tou shí pǐn
copa (f) de vino	酒杯	jiǔ bēi
copos (m pl) de maíz	玉米片	yù mǐ piàn
crema (f) de mantequilla	乳脂	rǔ zhī
cuchara (f)	勺子	sháo zi
cuchara (f) de sopa	汤匙	tāng chí
cucharilla (f)	茶匙	chá chí
cuchillo (m)	刀，刀子	dāo, dāo zi
cuenta (f)	账单	zhàng dān
dátil (m)	海枣	hǎi zǎo
de chocolate (adj)	巧克力的	qiǎo kè lì de
desayuno (m)	早饭	zǎo fàn
dieta (f)	日常饮食	rì cháng yǐn shí
eneldo (m)	莳萝	shì luó
ensalada (f)	沙拉	shā lā
entremés (m)	开胃菜	kāi wèi cài
espárrago (m)	芦笋	lú sǔn
espagueti (m)	意大利面条	yì dà lì miàn tiáo
especia (f)	香料	xiāng liào
espiga (f)	穗	suì
espinaca (f)	菠菜	bō cài
esturión (m)	鲟鱼	xú nyú
fletán (m)	比目鱼	bǐ mù yú
fréjol (m)	四季豆	sì jì dòu
frío (adj)	冷的	lěng de
frambuesa (f)	覆盆子	fù pén zi
fresa (f)	草莓	cǎo méi
fresa (f) silvestre	草莓	cǎo méi
frito (adj)	油煎的	yóu jiān de
fruto (m)	水果	shuǐ guǒ
gachas (f pl)	麦片粥	mài piàn zhōu

galletas (f pl)	饼干	bǐng gān
gallina (f)	鸡肉	jī ròu
ganso (m)	鹅肉	é ròu
gaseoso (adj)	苏打 ···	sū dá ...
ginebra (f)	杜松子酒	dù sōng zǐ jiǔ
gofre (m)	华夫饼干	huá fū bǐng gān
granada (f)	石榴	shí liú
grano (m)	谷物	gǔ wù
grasas (f pl)	脂肪	zhī fáng
grosella (f) espinosa	醋栗	cù lì
grosella (f) negra	黑醋栗	hēi cù lì
grosella (f) roja	红醋栗	hóng cù lì
guarnición (f)	配菜	pèi cài
guinda (f)	樱桃	yīngtáo
guisante (m)	豌豆	wān dòu
hígado (m)	肝	gān
habas (f pl)	豆子	dòu zi
hamburguesa (f)	汉堡	hàn bǎo
harina (f)	面粉	miàn fěn
helado (m)	冰淇淋	bīng qí lín
hielo (m)	冰	bīng
higo (m)	无花果	wú huā guǒ
hoja (f) de laurel	月桂叶	yuè guì yè
huevo (m)	鸡蛋	jī dàn
huevos (m pl)	鸡蛋	jī dàn
huevos (m pl) fritos	煎蛋	jiān dàn
jamón (m)	火腿	huǒ tuǐ
jamón (m) fresco	熏火腿	xūn huǒ tuǐ
jengibre (m)	姜	jiāng
jugo (m) de tomate	番茄汁	fān qié zhī
kiwi (m)	猕猴桃	mí hóu táo
langosta (f)	龙虾	lóng xiā
leche (f)	牛奶	niú nǎi
leche (f) condensada	炼乳	liàn rǔ
lechuga (f)	生菜，莴苣	shēng cài, wō jù
legumbres (f pl)	蔬菜	shū cài
lengua (f)	口条	kǒu tiáo
lenguado (m)	比目鱼	bǐ mù yú
lenteja (f)	兵豆	bīng dòu
licor (m)	甜酒	tián jiǔ
limón (m)	柠檬	níng méng
limonada (f)	柠檬水	níng méng shuǐ
loncha (f)	一片	yī piàn
lucio (m)	狗鱼	gǒu yú
lucioperca (f)	白梭吻鲈	bái suō wěn lú
maíz (m)	玉米	yù mǐ
maíz (m)	玉米	yù mǐ
macarrones (m pl)	通心粉	tōng xīn fěn
mandarina (f)	橘子	jú zi
mango (m)	芒果	máng guǒ
mantequilla (f)	黄油	huáng yóu
manzana (f)	苹果	píng guǒ

margarina (f)	人造奶油	rénzào nǎi yóu
marinado (adj)	醋渍的	cù zì de
mariscos (m pl)	海鲜	hǎi xiān
matamoscas (m)	蛤蟆菌	há má jùn
mayonesa (f)	蛋黄酱	dàn huáng jiàng
melón (m)	瓜，甜瓜	guā, tián guā
melocotón (m)	桃子	táo zi
mermelada (f)	酸果酱	suān guǒ jiàng
miel (f)	蜂蜜	fēng mì
miga (f)	面包屑	miàn bāo xiè
mijo (m)	粟，小米	sù, xiǎo mǐ
mini tarta (f)	小蛋糕	xiǎo dàngāo
mondadientes (m)	牙签	yá qiān
mostaza (f)	芥末	jiè mo
nabo (m)	蔓菁	mán jing
naranja (f)	橙子	chén zi
nata (f) agria	酸奶油	suān nǎi yóu
nata (f) líquida	奶油	nǎi yóu
nuez (f)	核桃	hé tao
nuez (f) de coco	椰子	yē zi
olivas, aceitunas (f pl)	橄榄	gǎn lǎn
oronja (f) verde	毒蕈	dú xùn
ostra (f)	牡蛎	mǔ lì
pan (m)	面包	miàn bāo
papaya (f)	木瓜	mù guā
paprika (f)	红甜椒粉	hóng tián jiāo fěn
pasas (f pl)	葡萄干	pútao gān
pasteles (m pl)	油酥面饼	yóu sū miàn bǐng
paté (m)	鹅肝酱	é gān jiàng
patata (f)	土豆	tǔ dòu
pato (m)	鸭子	yā zi
pava (f)	火鸡	huǒ jī
pedazo (m)	一块	yī kuài
pepino (m)	黄瓜	huáng guā
pera (f)	梨	lí
perca (f)	鲈鱼	lú yú
perejil (m)	欧芹	ōu qín
pescado (m)	鱼	yú
piña (f)	菠萝	bō luó
piel (f)	皮	pí
pimienta (f) negra	黑胡椒	hēi hú jiāo
pimienta (f) roja	红辣椒粉	hóng là jiāo fěn
pimiento (m) dulce	胡椒，辣椒	hú jiāo, là jiāo
pistachos (m pl)	开心果	kāi xīn guǒ
pizza (f)	比萨饼	bǐ sà bǐng
platillo (m)	碟子	dié zi
plato (m)	菜	cài
plato (m)	盘子	pán zi
pomelo (m)	葡萄柚	pú tao yòu
porción (f)	一份	yī fèn
postre (m)	甜点心	tián diǎn xīn
propina (f)	小费	xiǎo fèi

proteínas (f pl)	蛋白质	dàn bái zhì
puré (m) de patatas	土豆泥	tǔ dòu ní
queso (m)	奶酪	nǎi lào
rábano (m)	水萝卜	shuǐ luó bo
rábano (m) picante	辣根汁	là gēn zhī
rúsula (f)	红菇	hóng gū
rebozuelo (m)	鸡油菌	jī yóu jūn
receta (f)	烹饪法	pēng rèn fǎ
refresco (m)	清凉饮料	qīng liáng yǐn liào
regusto (m)	回味，余味	huí wèi, yú wèi
relleno (m)	馅	xiàn
remolacha (f)	甜菜	tiáncài
ron (m)	朗姆酒	lǎng mǔ jiǔ
sésamo (m)	芝麻	zhī ma
sabor (m)	味道	wèi dào
sabroso (adj)	美味的	měi wèi de
sacacorchos (m)	螺旋 拔塞器	luóxuán básāiqì
sal (f)	盐，食盐	yán, shí yán
salado (adj)	咸的	xián de
salchichón (m)	香肠	xiāng cháng
salchicha (f)	小灌肠	xiǎo guàn cháng
salmón (m)	鲑鱼	guī yú
salmón (m) del Atlántico	大西洋鲑	dà xī yáng guī
salsa (f)	调味汁	tiáo wèi zhī
sandía (f)	西瓜	xī guā
sardina (f)	沙丁鱼	shā dīng yú
seco (adj)	干的	gān de
seta (f)	蘑菇	mógu
seta (f) comestible	可食的蘑菇	kěshíde mógu
seta (f) venenosa	毒蘑菇	dú mógu
seta calabaza (f)	美味牛肝菌	měi wèi niú gān jūn
siluro (m)	鲶鱼	nián yú
sin alcohol	不含酒精的	bù hán jiǔ jīng de
sin gas	无气的	wú qì de
sopa (f)	汤	tāng
soya (f)	黄豆	huáng dòu
té (m)	茶	chá
té (m) negro	红茶	hóng chá
té (m) verde	绿茶	lǜ chá
tallarines (m pl)	面条	miàn tiáo
tarta (f)	蛋糕	dàngāo
tarta (f)	大馅饼	dà xiàn bǐng
taza (f)	杯子	bēi zi
tenedor (m)	叉，餐叉	chā, cān chā
tiburón (m)	鲨鱼	shā yú
tomate (m)	西红柿	xī hóng shì
tortilla (f) francesa	鸡蛋饼	jīdàn bǐng
trigo (m)	小麦	xiǎo mài
trucha (f)	鳟鱼	zūn yú
uva (f)	葡萄	pú tao
vaso (m)	杯子	bēi zi
vegetariano (adj)	素的	sù de

vegetariano (m)	素食者	sù shí zhě
verduras (f pl)	青菜	qīng cài
vermú (m)	苦艾酒	kǔ ài jiǔ
vinagre (m)	醋	cù
vitamina (f)	维生素	wéi shēng sù
vodka (m)	伏特加	fú tè jiā
whisky (m)	威士忌酒	wēi shì jì jiǔ
yema (f)	蛋黄	dàn huáng
yogur (m)	酸奶	suān nǎi
zanahoria (f)	胡萝卜	hú luó bo
zarzamoras (f pl)	黑莓	hēi méi
zumo (m) de naranja	橙子汁	chéng zi zhī
zumo (m) fresco	新鲜果汁	xīnxiān guǒzhī
zumo (m), jugo (m)	果汁	guǒzhī

Chino-Español glosario gastronómico

鳄梨	è lí	aguacate (m)
鹅肝酱	é gān jiàng	paté (m)
鹅肉	é ròu	ganso (m)
欧芹	ōu qín	perejil (m)
白梭吻鲈	bái suō wěn lú	lucioperca (f)
不含酒精的	bù hán jiǔ jīng de	sin alcohol
杯子	bēi zi	vaso (m)
杯子	bēi zi	taza (f)
冰	bīng	hielo (m)
兵豆	bīng dòu	lenteja (f)
冰淇淋	bīng qí lín	helado (m)
菠菜	bō cài	espinaca (f)
菠萝	bō luó	piña (f)
比目鱼	bǐ mù yú	fletán (m)
比目鱼	bǐ mù yú	lenguado (m)
比萨饼	bǐ sà bǐng	pizza (f)
饼干	bǐng gān	galletas (f pl)
鳊鱼	biān yú	brema (f)
菜	cài	plato (m)
菜单	cài dān	carta (f), menú (m)
菜花	cài huā	coliflor (f)
菜肴	cài yáo	cocina (f)
醋	cù	vinagre (m)
醋栗	cù lì	grosella (f) espinosa
醋渍的	cù zì de	marinado (adj)
草莓	cǎo méi	fresa (f)
草莓	cǎo méi	fresa (f) silvestre
茶	chá	té (m)
茶匙	chá chí	cucharilla (f)
朝鲜蓟	cháo xiān jì	alcachofa (f)
橙子	chén zi	naranja (f)
橙盖牛肝菌	chéng gài niú gān jūn	boleto (m) castaño
橙子汁	chéng zi zhī	zumo (m) de naranja
叉，餐叉	chā, cān chā	tenedor (m)
大蒜	dà suàn	ajo (m)
大西洋鲑	dà xī yáng guī	salmón (m) del Atlántico
大馅饼	dà xiàn bǐng	tarta (f)
大麦	dàmài	cebada (f)
蛋白	dàn bái	clara (f)
蛋白质	dàn bái zhì	proteínas (f pl)
蛋黄	dàn huáng	yema (f)
蛋黄酱	dàn huáng jiàng	mayonesa (f)
淡啤酒	dàn píjiǔ	cerveza (f) rubia
蛋糕	dàngāo	tarta (f)

豆子	dòu zi	habas (f pl)
杜松子酒	dù sōng zǐ jiǔ	ginebra (f)
毒蘑菇	dú mógu	seta (f) venenosa
毒蕈	dú xùn	oronja (f) verde
刀，刀子	dāo, dāo zi	cuchillo (m)
丁香	dīng xiāng	clavo (m)
调味品	diào wèi pǐn	condimento (m)
碟子	dié zi	platillo (m)
覆盆子	fù pén zi	frambuesa (f)
伏特加	fú tè jiā	vodka (m)
服务员	fú wù yuán	camarero (m)
番红花	fān hóng huā	azafrán (m)
番茄汁	fān qié zhī	jugo (m) de tomate
鲱鱼	fēi yú	arenque (m)
蜂蜜	fēng mì	miel (f)
法国白兰地	fǎguó báilándì	coñac (m)
葛缕子	gélǚ zi	comino (m)
肝	gān	hígado (m)
干的	gān de	seco (adj)
橄榄	gǎn lǎn	olivas, aceitunas (f pl)
橄榄油	gǎn lǎn yóu	aceite (m) de oliva
狗鱼	gǒu yú	lucio (m)
谷类作物	gǔ lèi zuò wù	cereales (m pl)
谷粒	gǔ lì	cereales (m pl) integrales
谷物	gǔ wù	grano (m)
罐头食品	guàn tou shí pǐn	conservas (f pl)
瓜，甜瓜	guā, tián guā	melón (m)
鲑鱼	guī yú	salmón (m)
果冻	guǒ dòng	confitura (f)
果酱	guǒ jiàng	confitura (f)
果汁	guǒzhī	zumo (m), jugo (m)
汉堡	hàn bǎo	hamburguesa (f)
蛤蟆菌	há má jùn	matamoscas (m)
褐疣柄牛肝菌	hè yóu bǐng niú gān jūn	boleto (m) áspero
核桃	hé tao	nuez (f)
红醋栗	hóng cù lì	grosella (f) roja
红茶	hóng chá	té (m) negro
红菇	hóng gū	rúsula (f)
红辣椒粉	hóng là jiāo fěn	pimienta (f) roja
红甜椒粉	hóng tián jiāo fěn	paprika (f)
胡椒，辣椒	hú jiāo, là jiāo	pimiento (m) dulce
胡萝卜	hú luó bo	zanahoria (f)
黑醋栗	hēi cù lì	grosella (f) negra
黑胡椒	hēi hú jiāo	pimienta (f) negra
黑咖啡	hēi kāfēi	café (m) solo
黑麦	hēi mài	centeno (m)
黑莓	hēi méi	zarzamoras (f pl)
黑啤酒	hēi píjiǔ	cerveza (f) negra
海鲜	hǎi xiān	mariscos (m pl)
海枣	hǎi zǎo	dátil (m)
华夫饼干	huá fū bǐng gān	gofre (m)
黄豆	huáng dòu	soya (f)

黄瓜	huáng guā	pepino (m)
黄油	huáng yóu	mantequilla (f)
茴芹	huí qín	anís (m)
回味，余味	huí wèi, yú wèi	regusto (m)
花生	huā shēng	cacahuete (m)
火鸡	huǒ jī	pava (f)
火腿	huǒ tuǐ	jamón (m)
橘子	jú zi	mandarina (f)
鸡蛋	jī dàn	huevo (m)
鸡蛋	jī dàn	huevos (m pl)
鸡肉	jī ròu	gallina (f)
鸡尾酒	jī wěi jiǔ	cóctel (m)
鸡油菌	jī yóu jūn	rebozuelo (m)
鸡蛋饼	jīdàn bǐng	tortilla (f) francesa
金枪鱼	jīn qiāng yú	atún (m)
芥末	jiè mo	mostaza (f)
加冰的	jiā bīng de	con hielo
煎蛋	jiān dàn	huevos (m pl) fritos
姜	jiāng	jengibre (m)
浆果	jiāng guǒ	baya (f)
浆果	jiāng guǒ	bayas (f pl)
加牛奶的咖啡	jiāniúnǎide kāfēi	café (m) con leche
酒吧	jiǔ bā	bar (m)
酒杯	jiǔ bēi	copa (f) de vino
酒保	jiǔ bǎo	barman (m)
酒单	jiǔ dān	carta (f) de vinos
咖啡	kāfēi	café (m)
开罐器	kāi guàn qì	abrelatas (m)
开胃菜	kāi wèi cài	entremés (m)
开胃酒	kāi wèi jiǔ	aperitivo (m)
开心果	kāi xīn guǒ	pistachos (m pl)
可食的蘑菇	kěshíde mógu	seta (f) comestible
卡布奇诺	kǎ bù jī nuò	capuchino (m)
卡路里	kǎlùlǐ	caloría (f)
口条	kǒu tiáo	lengua (f)
口香糖	kǒu xiāng táng	chicle (m)
苦艾酒	kǔ ài jiǔ	vermú (m)
苦的	kǔ de	amargo (adj)
矿泉水	kuàng quán shuǐ	agua (f) mineral
辣根汁	là gēn zhī	rábano (m) picante
腊肉	là ròu	beicon (m)
梨	lí	pera (f)
龙虾	lóng xiā	langosta (f)
芦笋	lú sǔn	espárrago (m)
鲈鱼	lú yú	perca (f)
冷冻的	lěng dòng de	congelado (adj)
冷的	lěng de	frío (adj)
朗姆酒	lǎng mǔ jiǔ	ron (m)
李子	lǐ zi	ciruela (f)
鲤鱼	lǐyú	carpa (f)
绿茶	lǜ chá	té (m) verde
炼乳	liàn rǔ	leche (f) condensada

烈酒	liè jiǔ	bebidas (f pl) alcohólicas
猎物	liè wù	caza (f) menor
罗勒	luó lè	albahaca (f)
螺旋 拔塞器	luóxuán básāiqì	sacacorchos (m)
麦片粥	mài piàn zhōu	gachas (f pl)
蔓菁	mán jing	nabo (m)
鳗鱼，鳝鱼	mán yú, shàn yú	anguila (f)
芒果	máng guǒ	mango (m)
猕猴桃	mí hóu táo	kiwi (m)
蘑菇	mógu	seta (f)
木瓜	mù guā	papaya (f)
美味的	měi wèi de	sabroso (adj)
美味牛肝菌	měi wèi niú gǎn jūn	seta calabaza (f)
米	mǐ	arroz (m)
牡蛎	mǔ lì	ostra (f)
面包	miàn bāo	pan (m)
面包屑	miàn bāo xiè	miga (f)
面粉	miàn fěn	harina (f)
面条	miàn tiáo	tallarines (m pl)
南瓜	nán guā	calabaza (f)
柠檬	níng méng	limón (m)
柠檬水	níng méng shuǐ	limonada (f)
奶酪	nǎi lào	queso (m)
奶昔	nǎi xī	batido (m)
奶油	nǎi yóu	nata (f) líquida
女服务员	nǚ fú wù yuán	camarera (f)
鲶鱼	nián yú	siluro (m)
牛奶	niú nǎi	leche (f)
牛排	niú pái	bistec (m)
牛肉	niú ròu	carne (f) de vaca
欧洲甜樱桃	ōūzhōu tián yīngtáo	cereza (f)
盘子	pán zi	plato (m)
螃蟹	páng xiè	cangrejo (m) de mar
配菜	pèi cài	guarnición (f)
皮	pí	piel (f)
啤酒	píjiǔ	cerveza (f)
苹果	píng guǒ	manzana (f)
瓶起子	píng qǐ zi	abrebotellas (m)
葡萄	pú tao	uva (f)
葡萄柚	pú tao yòu	pomelo (m)
葡萄干	pútao gān	pasas (f pl)
烹饪法	pēng rèn fǎ	receta (f)
汽水	qì shuǐ	con gas
芹菜	qín cài	apio (m)
青菜	qīng cài	verduras (f pl)
清凉饮料	qīng liáng yǐn liào	refresco (m)
清汤	qīng tāng	caldo (m)
鲭鱼	qīng yú	caballa (f)
请慢用！	qǐng màn yòng!	¡Que aproveche!
荞麦	qiáo mài	alforfón (m)
茄子	qié zi	berenjena (f)
球芽甘蓝	qiú yá gān lán	col (f) de Bruselas

巧克力	qiǎo kè lì	chocolate (m)
巧克力的	qiǎo kè lì de	de chocolate (adj)
人造奶油	rénzào nǎi yóu	margarina (f)
日常饮食	rì cháng yǐn shí	dieta (f)
肉	ròu	carne (f)
肉桂	ròu guì	canela (f)
乳脂	rǔ zhī	crema (f) de mantequilla
软性饮料	ruǎn xìng yǐn liào	bebida (f) sin alcohol
四季豆	sì jì dòu	fréjol (m)
素的	sù de	vegetariano (adj)
素食者	sù shí zhě	vegetariano (m)
粟，小米	sù, xiǎo mǐ	mijo (m)
速溶咖啡	sùróng kāfēi	café (m) soluble
三明治	sān míng zhì	bocadillo (m)
苏打 …	sū dá …	gaseoso (adj)
勺子	sháo zi	cuchara (f)
莳萝	shì luó	eneldo (m)
石榴	shí liú	granada (f)
食物	shí wù	comida (f)
沙丁鱼	shā dīng yú	sardina (f)
沙拉	shā lā	ensalada (f)
鲨鱼	shā yú	tiburón (m)
生菜，莴苣	shēng cài, wō jù	lechuga (f)
蔬菜	shū cài	legumbres (f pl)
水	shuǐ	agua (f)
水果	shuǐ guǒ	fruto (m)
水萝卜	shuǐ luó bo	rábano (m)
穗	suì	espiga (f)
碎牛肉	suì niú ròu	carne (f) picada
酸果酱	suān guǒ jiàng	mermelada (f)
酸奶	suān nǎi	yogur (m)
酸奶油	suān nǎi yóu	nata (f) agria
碳水化合物	tàn shuǐ huà hé wù	carbohidratos (m pl)
烫的	tàng de	caliente (adj)
糖	táng	azúcar (m)
糖果	táng guǒ	caramelo (m)
桃子	táo zi	melocotón (m)
兔肉	tù ròu	conejo (m)
汤	tāng	sopa (f)
汤匙	tāng chí	cuchara (f) de sopa
通心粉	tōng xīn fěn	macarrones (m pl)
土豆	tǔ dòu	patata (f)
土豆泥	tǔ dòu ní	puré (m) de patatas
甜的	tián de	azucarado, dulce (adj)
甜点心	tián diǎn xīn	postre (m)
甜酒	tián jiǔ	licor (m)
甜菜	tiáncài	remolacha (f)
调味汁	tiáo wèi zhī	salsa (f)
味道	wèi dào	sabor (m)
胃口	wèi kǒu	apetito (m)
维生素	wéi shēng sù	vitamina (f)
无花果	wú huā guǒ	higo (m)

无气的	wú qì de	sin gas
豌豆	wān dòu	guisante (m)
威士忌酒	wēi shì jì jiǔ	whisky (m)
晚餐	wǎn cān	cena (f)
午饭	wǔ fàn	almuerzo (m)
杏仁	xìng rén	almendra (f)
杏子	xìng zi	albaricoque (m)
鲟鱼	xú nyú	esturión (m)
西瓜	xī guā	sandía (f)
西红柿	xī hóng shì	tomate (m)
西葫芦	xī hú lu	calabacín (m)
西蓝花	xī lán huā	brócoli (m)
新鲜果汁	xīnxiān guǒzhī	zumo (m) fresco
熏火腿	xūn huǒ tuǐ	jamón (m) fresco
熏烤的	xūn kǎo de	ahumado (adj)
馅	xiàn	relleno (m)
向日葵油	xiàng rì kuí yóu	aceite (m) de girasol
咸的	xián de	salado (adj)
虾，小虾	xiā, xiǎo xiā	camarón (m)
香槟	xiāng bīn	champaña (f)
香肠	xiāng cháng	salchichón (m)
香蕉	xiāng jiāo	banana (f)
香料	xiāng liào	especia (f)
小蛋糕	xiǎo dàngāo	mini tarta (f)
小费	xiǎo fèi	propina (f)
小灌肠	xiǎo guàn cháng	salchicha (f)
小红莓	xiǎo hóng méi	arándano (m) agrio
小麦	xiǎo mài	trigo (m)
小牛肉	xiǎo niú ròu	carne (f) de ternera
鳕鱼	xuě yú	bacalao (m)
燕麦	yàn mài	avena (f)
牙签	yá qiān	mondadientes (m)
盐，食盐	yán, shí yán	sal (f)
洋白菜	yáng bái cài	col (f)
洋葱	yáng cōng	cebolla (f)
羊肚菌	yáng dǔ jùn	colmenilla (f)
羊肉	yáng ròu	carne (f) de carnero
意大利面条	yì dà lì miàn tiáo	espagueti (m)
油煎的	yóu jiān de	frito (adj)
油酥面饼	yóu sū miàn bǐng	pasteles (m pl)
鱿鱼	yóu yú	calamar (m)
玉米	yù mǐ	maíz (m)
玉米	yù mǐ	maíz (m)
玉米片	yù mǐ piàn	copos (m pl) de maíz
鱼	yú	pescado (m)
鱼子酱	yúzǐ jiàng	caviar (m)
鸭子	yā zi	pato (m)
椰子	yē zi	nuez (f) de coco
一份	yī fèn	porción (f)
一块	yī kuài	pedazo (m)
一片	yī piàn	loncha (f)
樱桃	yīngtáo	guinda (f)

	yǐn yòng shuǐ	agua (f) potable
	yuán suī	cilantro (m)
	yuè guì yè	hoja (f) de laurel
	yuè jú	arándano (m)
	yuè jú	arándano (m) rojo
	zūn yú	trucha (f)
	zǎo fàn	desayuno (m)
	zhàng dān	cuenta (f)
植物油	zhí wù yóu	aceite (m) vegetal
榛子	zhēn zi	avellana (f)
脂肪	zhī fáng	grasas (f pl)
芝麻	zhī ma	sésamo (m)
猪肉	zhū ròu	carne (f) de cerdo
煮熟的	zhǔ shóu de	cocido en agua (adj)

www.ingramcontent.com/pod-product-compliance
Lightning Source LLC
LaVergne TN
LVHW051302080426
835509LV00020B/3104